INVESTIGACIONES BÍBLICAS

DEL ANTIGUO TESTAMENTO

12 LECCIONES PARA QUE LOS NIÑOS DESCUBRAN LAS VERDADES DE DIOS

LUIS Y SANDY LOPEZ

e625.com

e625.com

INVESTIGACIONES BÍBLICA DEL ANTIGUO TESTAMENTO
Luis y Sandy Lopez

Publicada por especialidades625® © 2018
Dallas, Texas Estados Unidos de América.

ISBN 978-1-946707-14-7

Todas las citas Bíblicas son de la Nueva Biblia al Día (NBD).

Editado por: Virginia Altare
Diseño de portada e interior: Creatorstudio.net
Ilustraciones: José Traghetti

RESERVADOS TODOS LOS DERECHOS.
IMPRESO EN ESTADOS UNIDOS

ÍNDICE

Explicación del Material	5
Introducción: Los doce espías	13
Episodio 1 - Noé	23
Episodio2 - Gedeón	35
Episodio 3 - Rahab	49
Episodio 4 - Josías	61
Episodio 5 - Daniel	75
Episodio 6 - Sadrac, Mesac y Abednego	91
Episodio 7 - Débora	105
Episodio 8 - Job	119
Episodio 9 - Ester	133
Episodio 10 - Nehemías	149
Episodio 11 - Rut	161
Episodio 12 - Malaquías (Bonus)	175

EXPLICACIÓN DEL MATERIAL

EXPLICACIÓN DEL MATERIAL AGENTES "D"

Llamamos Agentes "D" a un grupo de chicos que escogen ser:

- 👍 **DECIDIDOS**
- 🎯 **DIRIGIDOS**
- 😊 **Y DIVERTIDOS**

Hoy en día vivimos en un mundo que va con rapidez y nunca se detiene. Todos corren, la mayoría hace las cosas sin pensar y algunos solo hacen las cosas que hace "la mayoría", sin detenerse para saber si es lo correcto o si agrada a Dios. Vamos a investigar y descubrir lo que se requiere para ser un Agente "D", un Agente Diferente: alguien que no se conforma con hacer lo que hace la mayoría, sino que actuará dirigido por la verdad, decidido a obedecerla para agradar a Dios y divertido al disfrutar cada momento.

Nuestra historia base son los doce espías que exploraron la tierra prometida antes de que Israel la invadiera y conquistara. Su misión era muy importante: debían caminar por cuarenta días para reconocer el terreno, los valles, las montañas, ver la gente que poblaba la tierra, encontrar las dificultades y los recursos que podrían ayudarles en la conquista. (Números 13).

De los doce espías, diez pensaron "como la mayoría", sólo Josué y Caleb fueron decididos con respecto a cumplir lo que Dios les mandó hacer. Esos dos espías son nuestros primeros Agentes "D". Nuestra meta con este material es poder seguir su ejemplo y ser los Agentes "D" de este tiempo.

INVESTIGACIONES BÍBLICAS

DEL ANTIGUO TESTAMENTO

Cada semana exploraremos de manera divertida la vida de hombres y mujeres de fe que son para nosotros modelos para ser Agentes "D".

La lección tiene un principio y un final que recomendamos que siempre se haga igual cada semana para dar una consistencia al programa, pero en el medio incluimos una sección que llamamos "eXpedientes" que contiene cuatro actividades las cuales sugerimos que cada semana las muevas de orden para causar expectativa en los alumnos.

Para nosotros los adultos es importante tener el control del programa y saber lo que viene, eso nos da seguridad y nos ayuda a organizarnos; pero para la mente de los niños, suena aburrido saber lo que viene a continuación y saber también que en clase hacemos lo mismo cada semana.

Alternar las secciones en tu clase les dará un ingrediente de expectativa a tus alumnos y no sentirán que haces siempre lo mismo. Puedes ir alternando de la siguiente manera:

SEMANA #1	SEMANA #2	SEMANA #3	SEMANA #4
1- Factor "C"	1- Factor "C"	1- Factor "C"	1- Factor "C"
2-Espacio "D"	2-Espacio "D"	2-Espacio "D"	2-Espacio "D"
3- eXpedientes	3- eXpedientes	3-eXpedientes	3- eXpedientes
*Manual del Agente	*Bitácora de Laboratorio	*Archivo de eXperimentos...	*misiÓN munDIal
*Bitácora de Laboratorio	*Archivo de eXperimentos.	*misiÓN munDIal	*Manual del Agente
*Archivo de eXperimentos	*misiÓN munDIal	*Manual del Agente	*Bitácora de Laboratorio
*misiÓN munDIal	*Manual del Agente	*Bitácora de Laboratorio	*Archivo de eXperimentos
4-Pies de Agentes	7-Pies de Agentes	7-Pies de Agentes	7-Pies de Agentes
5-Agentes en la Red	8-Agentes en la Red	8-Agentes en la Red	8-Agentes en la Red

Si el mes tiene una quinta clase, te recomendamos hacer un repaso de los Agentes "D" del mes y repetir las secciones que tus alumnos más disfrutaron hacer.

FACTOR "C"

Un dato científico, cultural o contextual

La meta del Factor "C" es iniciar el episodio investigando un factor "cultural", "científico" o "contextual" que nos dirija al punto central del día.

Encontraremos en cada historia un dato llamativo que pueda hacer énfasis en un factor científico, o histórico que llame la atención de los niños para luego poder dirigirlos al mensaje principal de cada episodio.

De no encontrar un dato científico, buscaremos un factor "cultural", es decir lo que era "lo normal" en la tradición antigua, para que eso nos lleve a la investigación del día. De seguro habrá historias que tendrán ambos datos, si es que refuerzan o enriquecen la investigación.

ESPACIO "D"

El Espacio "D" es el espacio "divertido".
En el mundo de los niños el tema de aprender mientras jugamos es la clave para sellar las verdades en sus corazones.
El lema será: "Que los niños se diviertan aprendiendo mientras los maestros disfrutamos enseñando".
Esta será entonces nuestra sección para jugar con propósito.

Utilizando el "Factor C" podemos crear una dinámica para que se rían y para motivarles a pensar más en lo que vamos a estudiar. Cada juego nos ayudará a conectar el corazón de los niños a través de la diversión sellando los principios de la verdad de la palabra en sus vidas.

INVESTIGACIONES BÍBLICAS

EXPEDIENTES
CÁPSULA DE SABIDURÍA PARA EL MAESTRO
Aquí el maestro encontrará consejos y sugerencias para que la clase sea lo más productiva y atractiva posible.

MANUAL DEL AGENTE
El Manual del Agente será el pasaje o historia bíblica que relatamos y con el que llegamos a descubrir al Agente "D" de cada episodio.

Las historias bíblicas serán nuestro manual de instrucciones donde los agentes encontramos lo que es correcto a los ojos de Dios y lo que nos guiará a evitar hacer lo que hace "la mayoría" para poder crecer en el conocimiento de la voluntad de Dios que es siempre "buena, agradable y perfecta".

BITÁCORA DE LABORATORIO
Es el momento en que tomamos el texto bíblico y lo contextualizamos al día de hoy. ¿En qué podemos comparar ese pasaje con las situaciones que vivimos en nuestros días? ¿Seremos capaces de hacer lo que ellos hicieron? ¿Haremos lo que hace "la mayoría" o estaremos decididos a ser Agente "D"?

Es una conversación en la que tratamos de contar la historia como si sucediera el día de hoy —con la tecnología y la cultura en que vivimos— y cuál sería la situación equivalente a la escena bíblica que estudiamos para encontrar la respuesta correcta como Agentes "D".

ARCHIVO DE EXPERIMENTOS
¡Manos a la obra! Este es el tiempo en el que hacemos algo práctico y ponemos manos a la obra para realizar un dibujo, un proyecto,

un diseño, un desafío a la imaginación o una manualidad a través del cual los agentes sellan la historia en sus corazones utilizando sus manos.

Es nuestro espacio práctico, creativo e interactivo en donde los niños podrán realizar proyectos que les permitan experimentar de una u otra manera el propósito de la verdad en el corazón de un súper Agente "D".

PIES DE AGENTE...
...siguiendo Sus pasos.

Memorizar la Palabra es vital para la vida cristiana saludable y victoriosa. Pero si nos enfocamos únicamente en la memorización corremos el riesgo de que algunos niños terminen aburridos y frustrados por no poder hacerlo.

Es por eso que creamos "Pies de Agente" para llevar la memorización a la práctica y la práctica a la memorización. En cada sección te propondremos una actividad dinámica que implique acción, movimiento y meditación en el versículo que queremos memorizar. Como todo material, debes adaptarlo la realidad de tu iglesia, o bien puedes expandirlo como proyecto familiar. ¡Que lo disfrutes!

MISIÓN MUNDIAL (WEB)
Material extra disponible en: e625.com/lecciones
Esta es la sección en donde encontramos la manera de estar "ON", prendidos en la misión mundial que Dios nos dio de ir por todo el mundo y compartir a otros de Su amor. (Marcos 16:15).

Presentaremos una idea práctica que los niños pueden llevar a cabo para compartir con otra persona lo que han aprendido—un familiar, vecino,

INVESTIGACIONES BÍBLICAS

maestro—, alguien a quien ellos piensen que el mensaje les puede ayudar; porque un verdadero Agente "D" no se quedará callado. Un Agente "D" sabe que tiene una voz con la verdad que cambiará al mundo.

AGENTES EN LA RED (WEB)
Material extra disponible en: e625.com/lecciones

¿Cómo podemos estar presentes en las redes lanzando un desafío, dejando nuestra huella de pies de agentes, invitando a quienes nos siguen a accionar diferente y no como "la mayoría"?

Nuestros niños necesitan opciones en la red que los hagan sentir parte de lo que está pasando, pero no como seguidores de páginas que no les nutren, sino siendo agentes de cambio. Si tu iglesia tiene una página en internet, te invitamos a crear un movimiento de Agentes "D". Crea una sección en donde puedas publicar mensajes de vida o los trabajos de tus alumnos. También puedes compartir las experiencias de "Pies de Agentes" o crear actividades que conecten a tu clase con la misión de llevar el mensaje a todo el mundo, siempre de acuerdo a la edad de los niños y de la disposición y libertad que tengas con tu iglesia en el uso de las redes.

También, como maestro, puedes iniciar tu propio perfil en donde tú y tus estudiantes compartan la manera en que viven como Agentes "D" en sus vidas cotidianas.

INTRODUCCIÓN
LOS DOCE ESPÍAS

AGENTES "D"

INTRODUCCIÓN LOS DOCE ESPÍAS

FACTOR "C"
Un dato científico, cultural o contextual

El terreno que Israel iba a explorar para conquistar se conocía con el nombre de "Canaán". Era una tierra magnífica, así lo confirmaron los espías que fueron enviados por Moisés para explorar desde Cades —en el extremo norte del desierto de Parán— hasta la región montañosa de Rehob —al extremo norte del valle del Jordán—, pasando por el Néguev. Los espías viajaron de sur a norte, explorando durante cuarenta días aproximadamente; un recorrido de unos 800 km ida y vuelta. La exploración tuvo lugar durante el tiempo de la cosecha de las uvas, por esto los espías pudieron ver el tamaño de los frutos. Estos espías fueron enviados con la misión de explorar: esta era sin duda una buena estrategia militar para poder prepararse para la conquista.

La Biblia hace referencia a esta tierra como la tierra en la que fluye leche y miel, porque eran valles muy verdes llenos de flores y muy fértiles. En extensión era una tierra pequeña: solo 240 Km de largo por 96 Km de ancho. Sus laderas estaban cubiertas de higueras, dátiles y nueces. Es "la Tierra Prometida" porque es la porción de tierra que Dios prometió que le daría a Abraham Isaac y Jacob.

Misterios por resolver:
Si esta era una buena exploración con una estrategia organizada a una tierra que Dios les había prometido:
¿Cuál fue el error en esta misión?
¿Fallaron los espías?
¿Tenemos un héroe en este grupo de espías?
¿Podemos aprender hoy algo de esta historia?
Eso vamos a investigar el día de hoy, pero antes vamos al Espacio "D".

INVESTIGACIONES BÍBLICAS

DEL ANTIGUO TESTAMENTO

ESPACIO "D"

Nuestra sección para jugar con propósito
Juego "Carrera de racimos"

Material:
- 2 palos de escoba (un palo para cada equipo)
- 40 globos morados medianos o grandes (20 globos inflados para cada equipo)
- 2 bolas de lana en tiras (1 bola para cada equipo)
- 8 hojas cortadas en papel verde (como hojas de racimo de uva, 4 hojas para cada equipo)

Explicación:
Divide la clase en dos equipos (si la clase es muy grande elige participantes para crear tres equipos). Coloca a los equipos en fila en un extremo del salón; frente a cada equipo coloca una mesa con los materiales. A la cuenta de tres, el primero de cada fila debe ir corriendo al frente, tomar una tira de lana y amarrar dos globos al palo; luego regresa corriendo, choca los cinco del siguiente chico de su fila y éste sale corriendo al frente a hacer lo mismo. Toma una tira de lana y amarra dos globos más al racimo, regresa corriendo y cada jugador hace lo mismo. La idea es lograr amarrar la mayor cantidad de globos en forma de racimo de uvas. Al terminar de amarrar los globos, deben agregar las hojas y traerlo cargando hasta la parte de atrás del salón. El grupo que arme el racimo más grande y mejor en el menor tiempo, será el ganador. Guarda los racimos de uvas para que los uses a la hora de contar la historia.

Aplicación:
Hoy leeremos en nuestro Manual del Agente una historia que habla de una tierra que producía fruto abundante, una tierra muy fértil... ¿Qué crees que significa la expresión "fruto abundante"? ¿Será que eran frutas gigantes? ¿O crees que se refiere a la cantidad de cosecha? Estos racimos que ustedes construyeron son grandísimos.... (muestra el racimo). Pero la Biblia no nos especifica si el tamaño era lo sorprendente... lo que sí nos dice es que era una tierra apetecible.

EXPEDIENTES
Cápsula de sabiduría para el maestro

Recuerda que la creatividad del Padre está puesta en nosotros y es una herramienta imprescindible en el trabajo con niños. Sin duda es importante el contenido, pero la manera de presentarlo a los niños será sin duda el factor más relevante en el éxito de sellar en sus corazones el contenido de lo que queremos dejar sembrado en ellos. La mayoría de las nuevas generaciones están inclinadas a las áreas del arte y la creatividad; los medios visuales son una herramienta de alto impacto en nuestra modernidad. Además, el uso de medios visuales, lecciones con objetos, imágenes y artes manuales enriquecerán nuestra habilidad de enseñar y el tiempo de aprendizaje de los niños. No lo olvides: crea-dibuja-expresa.

MANUAL DEL AGENTE
Nuestro pasaje bíblico

Ideas para el relato:
Materiales:
- Accesorios para obra de teatro: (pelucas, lentes, gorras, binoculares, etc.)
- Vestuario para cada espía (puede ser una túnica de la época o un saco como espía moderno)
- Racimos de uvas del juego, canastas.
- 2 morrales o mochilas de excursionista o de escuela para Josué y Caleb.
- 1 mapa.

Te recomendamos que hagas una lectura completa del pasaje de los espías y la rebelión que se inició en el pueblo debido a su reporte negativo, la cual se encuentra en Números 13 y 14.
A continuación, te presentamos únicamente algunos pasajes para resaltar en el relato:

INVESTIGACIONES BÍBLICAS

Números 13

(Si puedes, utiliza el mapa cuando en el pasaje se describa la zona que los espías fueron a explorar).

Material: Mapa de Canaán

Números 14:5-9
Números 14:26-27
Números 14:34-38

Cierre:
En esta historia nuestros Agentes "D" fueron Josué y Caleb, y lo que los convirtió en esos agentes fue que:

1-No se quedaron callados.
2-No tuvieron miedo porque Dios estaba con ellos.
3.-Le dijeron al pueblo que si obedecían Dios los ayudaría.
4-No dudaron en ningún momento.
5-No murmuraron contra Dios.

Tu misión, si decides aceptarla, es abrazar esas actitudes y vivirlas cada día.

BITÁCORA DE LABORATORIO

¿En qué podemos comparar este pasaje con las situaciones que vivimos en nuestros días?

Esta historia nos muestra lo que todos como pueblo de Dios estaremos inclinados a hacer frente a nuestra misión de obedecer a

Dios y pararnos firmes en nuestra fe ante los desafíos o dificultades a los cuales nos enfrentemos.

Expediente # 1: Espías miedosos

Diez de los espías (o sea la mayoría) miraron con sus propios ojos todas las circunstancias físicas que los rodearon. Pudieron ver los frutos, lo verde y fructífero de la tierra... pero luego vieron las dificultades, vieron el tamaño de los pobladores y se compararon con ellos, sintieron que eran insignificantes langostas (o saltamontes). Se llenaron de miedo y murmuraron dudando del poder de Dios y sus promesas. Al ver los desafíos del lugar se llenaron de miedo, se olvidaron de su fe y de la grandeza de su Dios; solo miraron las circunstancias como gigantes imposibles de vencer.

> **¿Y tú qué harías?**
> ¿Qué pasa cuando tu familia experimenta desafíos o problemas que parecen como gigantes imposibles de vencer? ¿Qué haces cuando has orado por algo pero no sucede nada o las circunstancias se ponen contra ti? ¿Dudas? ¿Murmuras? ¿Pierdes tu fe?

Expediente # 2: Espías valientes

Dos de los espías (o sea la minoría), Josué y Caleb, se levantaron mirando la tierra y las circunstancias con los ojos de la fe, hacia el gran y único Dios en quien confiaban. Recordaron la promesa de que esa sería su tierra, no miraron su fuerza sino fortalecieron su fe en la fuerza de Dios que estaba con ellos y declararon con voz audible: "Podemos conquistarla". Ellos miraron con valentía y fe, aunque la mayoría levantaba una voz totalmente negativa. Eso no los silenció, al contrario, dieron el reporte completo declarando victoria.

INVESTIGACIONES BÍBLICAS

Sin duda esta historia nos muestra dos espías ejemplares: Josué y Caleb y nos dejan claras enseñanzas:

1. Pararte firme en tu fe en medio de un mundo donde la mayoría pensará diferente.
2. No permitir que el miedo silencie tu voz, aunque lo que tengamos que decir suene diferente.
3. Llenarte de valentía para declarar el poder de Dios que habita en ti.
4. No olvidar nunca quién es Dios y que Su Espíritu en ti es la garantía de sus promesas. (2 Corintios 1:22).

¿Y tú qué harías?

¿Qué pasa cuando en tu escuela o en medio de tu grupo de amigos, tú eres parte de la minoría que cree en Dios o eres el único que busca hacer lo correcto? ¿Te atreverías a hablar en una situación difícil donde tú eres el único que podría ser valiente y decir la verdad sabiendo que Dios está de tu lado como lo hicieron Josué y Caleb?

ARCHIVO DE EXPERIMENTOS

Manos a la obra

Imaginémonos por un momento que los doce espías en verdad tuvieron un reporte positivo de la exploración a la tierra prometida… que cada uno de ellos pudo ver lo que Dios haría con ellos al llegar allí. ¿Qué cosas positivas hubieran podido decir los otros diez espías?

Material: Actividad Espías

DESCARGA EL MATERIAL COMPLEMENTARIO EN
WWW.E625.COM/LECCIONES

PIES DE AGENTE...
...siguiendo Sus pasos

Versículo para memorizar:

*"Al cabo de cuarenta días los doce hombres regresaron de **explorar** aquella tierra".*
Números 13:25 NVI (énfasis del autor).

Materiales:
- Hojas para anotar y un lápiz por cada alumno
- Hojas del versículo escondidas en diferentes partes del camino
- Números clave de la historia y nombres de los espías en diferentes tarjetas
- Tarjeta pequeña con el versículo verso escrito, una para cada alumno.
- Opcional: una botella de agua por cada alumno.

Preparación:
Organiza y planifica un recorrido o caminata con anticipación y esconde las hojas con las palabras del versículo. Busca que el recorrido sea creativo y seguro. Coloca pistas que refuercen la historia; puedes poner números que están presentes en la historia en tamaño grande en distintas partes del camino (ej.: 40 días, 12 espías, 2 espías positivos, 10 espías negativos, etc.).

También puedes poner en diferentes partes los nombres de los doce espías. Ahora bien, los espías caminaron cuarenta días, tú programa una caminata según la edad y el entorno de tu clase. Puede ser de cuatro minutos o de cuarenta minutos con los más grandes. Recuerda: si lo haces dentro del salón de clase coloca obstáculos y desafíos que le den acción al plan. Si lo haces dentro del edificio de la iglesia asegúrate de pasar por sitios estratégicos que aporten a la investigación. Si lo haces en exteriores, tendrás muchas herramientas ideales para crear una aventura al aire libre.

INVESTIGACIONES BÍBLICAS

Explicación:

Hoy seremos los espías, iremos a explorar la tierra. Vamos a imaginarnos cómo fue la caminata de los espías. Ellos no podían caminar haciendo ruido, tomándose selfies y publicando a todos lo que estaban haciendo porque hubieran sido presa fácil de su enemigo. No podían explorar con tantas distracciones: era una misión de vida o muerte y no podían hacerlo a la ligera. Tal vez caminaron en silencio, tal vez hicieron rondas nocturnas en las ciudades sin muros para poder observar a los pobladores. ¿Cómo lo imaginas? (Escucha opiniones). Vamos a hacer un recorrido sin poder hablar. Nos limitaremos a caminar y explorar observando con atención para encontrar nuestro versículo escondido. Debemos anotar los detalles que nos llamen la atención: cosas grandes y pequeñas, lugares donde podríamos escondernos o descansar, si vemos agua, si hay gente etc. Cuando hagamos una parada, observa todos los detalles puedas sin decir una sola palabra. Y si encuentras una hoja del versículo recógela y llévala contigo hasta el final del recorrido; luego las reuniremos para intentar armar el versículo del día y hablaremos de lo que vieron y escribieron. Toma tiempo para leer el versículo con ellos y pide que guarden la tarjeta en su bolsillo para que durante toda la semana recuerden que son espías a tiempo completo, dentro y fuera de la iglesia. Cierra con una oración por tu clase.

Material complementario:

AGENTES EN LA RED | MISIÓN MUNDIAL

DESCARGA EL MATERIAL COMPLEMENTARIO EN
WWW.E625.COM/LECCIONES

INVESTIGACIONES BÍBLICAS
DEL ANTIGUO TESTAMENTO

EPISODIO 1
NOÉ

AGENTES "D"

FACTOR "C"
Un dato científico, cultural o contextual

Un arco iris es un fenómeno que se presenta cuando una luz distante atraviesa un cuerpo de agua que está en forma de lluvia, vapor o neblina. Según el ángulo con el cual el rayo de luz atraviesa la gota de agua, se proyectan distintos colores en forma de arco. Imagino que todos los superagentes aquí presentes han visto un arco iris, ¿verdad? Muchas personas le han dado diferentes significados, pero además de ser un fenómeno natural, ¿qué dice la Biblia de él? ¿Tiene algún otro significado? En la historia de hoy se menciona por primera vez, pero, ¿habrá otros libros de la Biblia que hablen del arco iris?

Aprendamos:
Después del diluvio Dios dijo a Noé que el arco iris serviría de señal como pacto entre Dios y los hombres para recordar que no habría otro diluvio para destruir a la humanidad.

> «Yo establezco mi **pacto con ustedes**, con sus descendientes, y con todos los seres vivientes que están con ustedes, es decir, con todos los seres vivientes de la tierra que salieron del arca: las aves, y los animales domésticos y salvajes. **Este es mi pacto con ustedes:** Nunca más serán exterminados los seres humanos por un diluvio; nunca más habrá un diluvio que destruya la tierra».
>
> Y Dios añadió: «Esta es la **señal del pacto** que establezco para siempre con ustedes y con todos los seres vivientes que los acompañan: He colocado mi arco iris en las nubes, el cual servirá como **señal de mi pacto con la tierra.** Cuando yo cubra la tierra de nubes, y en ellas aparezca el arco iris, me acordaré del pacto que he establecido con ustedes y con todos los seres vivientes. Nunca más las aguas se convertirán en un diluvio para destruir a todos los mortales. Cada vez que aparezca el arco iris entre las nubes, yo lo veré **y me acordaré del pacto que establecí** para siempre con todos los seres

INVESTIGACIONES BÍBLICAS

DEL ANTIGUO TESTAMENTO

vivientes que hay sobre la tierra». Dios concluyó diciéndole a Noé: **«Este es el pacto que establezco con todos los seres vivientes que hay en la tierra».**

(**Génesis 9:9-17 NVI** *énfasis del autor*).

Este es el verdadero significado del arco iris: fue puesto de manera majestuosa por Dios como señal de Su **pacto.**
¿Sabías que la Biblia también menciona el arco iris en Apocalipsis 4:3; 10:1 y en Ezequiel 1:28?

El que estaba sentado fulguraba como lustroso diamante o reluciente rubí. Alrededor del trono había un arco iris brillante como la esmeralda... Apocalipsis 4:3 Vi a otro ángel poderoso descender del cielo envuelto en una nube, con un arco iris sobre la cabeza. Apocalipsis 10:1 Juan vio alrededor del trono un arco iris y un ángel con el arco iris sobre su cabeza. Había una aureola resplandeciente semejante a un arco iris alrededor de él. Ése era el aspecto que la presencia magnífica del SEÑOR tenía para mí... Ezequiel 1:28 Interesante verdad: el arco iris no solo se nombra en Génesis, sino en muchas otras partes de la Palabra de Dios. No solo es señal de pacto, sino también de grandeza y gloria.

Misterios por resolver:
1. ¿Qué representaba realmente el pacto que Dios estableció con Noé?
2. ¿Noé podría haber decidido hacer oídos sordos a lo que Dios le pedía hacer?
3. ¿Pide hoy Dios que hagamos cosas que nadie hace?
4. ¿Tenemos hoy los cristianos un pacto también con Dios?
5. ¿Cuál fue la clave para el éxito de Noé y su familia?

Todo esto y más investigaremos hoy, pero antes vamos a ir a nuestro Espacio "D".

EPISODIO 1 NOÉ

ESPACIO "D"
Nuestra sección para jugar con propósito

Juego: RompeCABEZAS
Materiales: 4 sets de la palabra OBEDECER en rompecabezas.

Explicación: prepara con anticipación las piezas de rompecabezas con las letras de la palabra OBEDECER. Puedes preparar cuatro sets de rompecabezas dependiendo del número de alumnos que tengas.

Divide la clase en cuatro grupos haciendo el juego "El barco se está hundiendo". Este juego consiste en invitar a los chicos a imaginarse que van en un barco en medio de una gran tormenta y que solo se salvarán aquellos que logren hacer grupos del número de personas que tú les digas. En cada ronda dices el número que quieras, repites este juego un par de veces hasta que en la última ronda dices el número de niños que finalmente quedará en cada grupo. Cuando estén listos en sus grupos pídeles que se sienten en círculos y entrega una bolsa con las piezas del rompecabezas a cada grupo. Explícales que, a la cuenta de tres, deben abrir la bolsa y armar lo más rápido posible la palabra clave del día.

Luego de que descubran la palabra en grupo, deben dar una definición con sus propias palabras. Ganará el grupo que termine primero de armar el rompecabezas y que grite la mejor explicación del significado de la palabra.

Material: Sopa de letras

DESCARGA EL MATERIAL COMPLEMENTARIO EN
WWW.E625.COM/LECCIONES

INVESTIGACIONES
BÍBLICAS
DEL ANTIGUO TESTAMENTO

INVESTIGACIONES BÍBLICAS

DEL ANTIGUO TESTAMENTO

EXPEDIENTES
Cápsula de sabiduría para el maestro

¿Sabías que aproximadamente el treinta y siete por ciento de la comunicación efectiva lo determina el tono de voz que usas al hablar? Es muy importante que como maestro recuerdes trabajar en la manera de usar tu voz cuando vayas a narrar una historia. Debes usar una voz con volumen proyectado para que todos oigan y realmente presten atención. De igual manera, puedes ser creativo en usar tonos de voz diferentes y subir y bajar el volumen con la intención de captar la atención de la clase en partes clave de la historia.

Tu dinamismo para narrar la historia asegurará el éxito del aprendizaje. Recuerda:
    1. La narración: proyectando tu voz con dinamismo.
    2. El tono: usa diferentes tonos en tu voz, modula tu voz.
    3. El volumen: sube y baja el volumen en partes clave de la historia.

MANUAL DEL AGENTE
Nuestro pasaje bíblico

Ideas para el relato:

Materiales: - 1 altavoz
               - Pliegos de cartulina blanca pegadas
               - Marcadores de diferentes colores

Explicación: Prepara con anticipación el número de cartulinas que necesitarás de acuerdo a las escenas que irás dibujando cuando estés enseñando a los niños. Ensaya en casa para que sepas de manera clara y práctica qué dibujarás en cada escena. (No se trata de hacer un dibujo profesional sino de hacer escenas sencillas que el niño recuerde y que le diviertan). El altavoz lo usarás para hacer la voz de Dios según la historia lo requiera. Te recomendamos que hagas una lectura completa de la vida de Noé, la cual se encuentra en Génesis 6-9. A continuación te indicamos algunos pasajes para resaltar en el relato:

> **Escena I: Génesis 6: 1-3**
> **Escena II: Génesis 7:1-5**
> **Escena III: Génesis 7:11-16**
> **Escena IV: Génesis 7:17-24**
> **Escena V: Génesis 8:1-22**

Cierre:
En esta historia nuestro Agente "D" fue Noé y esto fue lo que lo convirtió en un agente:

1-Vivió de manera justa y honrada delante de Dios. ¿Cómo podríamos lograr ser justos y honrados en un mundo lleno de injusticia?
2-Siempre obedeció a Dios sin justificarse y sin pedir explicaciones.
   ¿Qué me impide a mí **obedecer** siempre?
3-A pesar de que todos a su alrededor no pensaban en Dios, Noé sí lo hacía.
   ¿Noé experimentó **presión de grupo**? ¿Cómo se libró de esto?
4-Nunca dudó del plan de Dios. ¡¡¡La duda es como una pelota en el campo de
   batalla de mi mente!!! ¿Cómo lanzo esta pelota fuera de mi campo de juego?

Tu misión, si decides aceptarla, es estudiar la vida de Noé y abrazar esas actitudes que lo llevaron a ser un agente "D". Si caminamos en obediencia día a día y sin dudar, Dios nos ayudará a ser también un Noé en nuestra generación.

INVESTIGACIONES BÍBLICAS

DEL ANTIGUO TESTAMENTO

BITÁCORA DE LABORATORIO

¿En qué podemos comparar este pasaje con las situaciones que vivimos en nuestros días?

Génesis 6:9 nos dice que Noé **"todo el tiempo vivía conforme a la voluntad de Dios"**. Sin importarle lo que dijeran a su alrededor, siempre su prioridad fue estar bien delante de Dios. Buscó caminar siendo justo y honrado. Estas fueron las cualidades que lo hicieron agradable delante de Él y sobresalir en medio de todos los pobladores del mundo. ¿Qué cosas podemos hacer nosotros para agradar a Dios y sobresalir en medio de la gente que nos rodea?

Expediente #1: Caminar por fe
Noé tuvo dos desafíos:

1- Nunca había llovido en la tierra, mucho menos había ocurrido un diluvio.

2- El lugar donde Noé construyó el arca no estaba cerca de la playa o de aguas donde ésta pudiera navegar. De manera que nos imaginamos que fueron muchas las burlas que la gente le hizo a Noé y a sus hijos; pero ellos siguieron caminando en obediencia hasta el final, aun a pesar del "bullying".

¿Qué haces tú?
¿Cuando estamos realmente interesados en hacer lo que Dios nos pide en Su Palabra muy seguramente viviremos momentos de "presión de grupo". La presión de grupo siempre ha existido, ese no es el problema. El problema es qué haremos nosotros. ¿Cederemos a la presión de los demás o haremos lo que Dios nos asignó hacer, aunque a veces eso no tenga sentido para quienes nos rodean? ¿Permaneceremos firmes?

Expediente # 2: Tarea difícil

Si nos ponemos en el lugar de Noé, realmente Dios le dio instrucciones difíciles: le dio la tarea de construir un barco lo suficientemente grande como para resguardar allí a una pareja de cada especie de los animales que existen hoy en día. En ese entonces no tenían equipo para construcción ni mucho menos un equipo de gente que les ayudara; fue Noé y sus tres hijos los que trabajaron en la construcción. Como hijos de Dios también se nos ha dado una tarea: se llama "La Gran Comisión". No se trata de construir un gran barco para salvar a la humanidad sino de hablar de Jesús, el gran salvador de la humanidad. Lee Mateo 28:19. Y luego pregunta:

> **¿Cómo cumples tu misión?**
> Según este versículo que dice que debemos **ir por todo el mundo** y hacer discípulos enseñándoles a las personas a hacer lo que Jesús nos mandó, ¿qué puedes hacer en donde estás y con la edad que tienes, para ser parte de esta gran misiÓN?

Expediente # 3: Obediencia sin preguntar

Si algo llama la atención es que en toda la historia Noé en ningún momento le pregunta a Dios: "¿Por qué?". Ni tampoco le encontramos haciendo reclamos a Dios. Es más: ni siquiera salió del arca hasta que Dios le dijo: "Sal del arca" (Génesis 8:16). Noé tuvo una obediencia total, sin preguntas, sin cuestionamientos, sin negociaciones. ¡¡¡Esto fue obediencia radical!!!

Sin duda esta historia nos deja claras enseñanzas:

1. Decir que Noé era justo y honrado no quería decir que era perfecto y que no pecaba, sino que amaba y obedecía a Dios sinceramente.
2. Hacer la diferencia no fue fácil para Noé, así como no es fácil hoy, pero siempre es lo correcto.

INVESTIGACIONES BÍBLICAS

3. Obedecer sin cuestionar o negociar nos hará agradables delante de Dios.
4. Cuando haces lo que agrada a Dios regularmente, te sentirás como avanzando contra la corriente, pero sé fiel a Su Palabra y Él te librará.

> **¿Cómo obedeces?**
> Cuando tus padres te piden hacer algo que no entiendes o no te parece justo, ¿haces preguntas? ¿Cuestionas la autoridad? ¿Tratas de hacer negociaciones a tu favor? A todos nos pasa, pero nuestra misiÓN de ahora en adelante Es imitar la obediencia radical de Noé.

ARCHIVO DE EXPERIMENTOS

Manos a la obra
Arco iris de salvación:
Esta es una figura que cada niño construirá para llevar el mensaje de salvación a otras personas. El arco iris es parte de la creación de Dios y su único y verdadero significado es el hermoso pacto de salvación que Dios siempre ha tenido con la humanidad.

En el A.T. fue pacto de salvación a través del arca de Noé.
En el N.T. el pacto de salvación es la cruz donde murió Jesús

Materiales:
- Hojas de papel o cartulina de color: amarilla, negra, roja, blanca, azul y verde
- Pegamento
- Tijeras
- Molde de arco iris

Explicación:

Tal vez has leído la lista colores y estés pensando: "Pero estos no son los colores del arco iris que sale en el cielo". Tienes razón, estos no son exactamente esos colores porque lo que haremos no es solo un arco iris tradicional sino el arco iris de salvación, así que elegimos los colores que nos ayudarán a llevar el mensaje de las buenas noticias de salvación.

A continuación, podrás leer las palabras que puedes usar para explicar este maravilloso plan de salvación usando el arco iris que vas a fabricar siguiendo el siguiente molde.

Amarillo: representa el cielo, las calles de oro y la gloria de Dios.
Negro: representa el pecado que nos aleja de Dios.
Rojo: representa la sangre de Jesús que derramó en la cruz y nos limpia de todo pecado.
Blanco: representa la pureza de nuestro corazón después que es limpiado por la sangre de Cristo.
Verde: representa el crecimiento que como cristianos debemos buscar cada día.
Azul: representa la presencia del Espíritu Santo que guía nuestro camino

PIES DE AGENTE...
...siguiendo Sus pasos

Versículo para memorizar:

> *"Este es mi pacto con ustedes: Nunca más serán exterminados los seres humanos por un diluvio; nunca más habrá un diluvio que destruya la tierra". Génesis 9:11 (NVI)*

Materiales:
-Rollos de cartón (fabricados similares a los tubitos del papel toalla de cocina)

INVESTIGACIONES BÍBLICAS

-Arroz o granos pequeños para hacer "Palos de Agua"
-Papel y pegamento
-Marcadores para escribir el versículo

Preparación:
Consigue un rollo de cartón para cada alumno y cierra uno de los extremos pegándole una tapa de cartón. La idea es que los alumnos escriban en el rollo Génesis 9:11 y una vez escrito y decorado procedan a echar los grano y a cerrar el otro extremo con otra tapa de cartón, de manera que tengan un palo de agua con el versículo.

Explicación:
Hoy queremos recordar el pacto que hizo Dios con Noé y con la raza humana, ya que lo que Él quería es que cada vez que veamos el arco iris en nuestro corazón recordemos Su promesa: *"que nunca más serán exterminados los seres humanos por un diluvio; nunca más habrá un diluvio que destruya la tierra"*. Dios lo prometió y Él siempre cumple sus promesas. En eso debemos descansar, que Sus promesas son verdades. Toma un tiempo para orar por ellos y recordarles que nuestro Dios es tan cercano y misericordioso que prometió que, a pesar del pecado de la humanidad, nunca más mandaría un diluvio. Cierra con una oración y una bendición especial para tu clase.

Material complementario:

AGENTES EN LA RED | MISIÓN MUNDIAL

DESCARGA EL MATERIAL COMPLEMENTARIO EN
WWW.E625.COM/LECCIONES

EPISODIO 2
GEDEÓN

AGENTES "D"

FACTOR "C"
Un dato científico, cultural o contextual

Madián era un pueblo que surgió de la segunda esposa de Moisés — Cetura (Génesis 25:1-2)—, es por eso que la nación de los madianitas siempre estuvo en guerra con Israel.

En este pasaje encontramos que, debido a que Israel se apartó del Señor y pecó contra Él por caer en idolatría y no obedecer sus mandamientos, Dios permitió que este pueblo enemigo los oprimiera. Con frecuencia los madianitas irrumpían en las viviendas israelitas y les robaban las cosechas, ganado y todo lo que pudieran. Por eso la Biblia nos dice que se hicieron escondites en cuevas y en las montañas para evitar esos asaltos.

Por esa razón Gedeón se hallaba a escondidas trillando el trigo. El proceso de trillar consistía en golpear el grano para separarlo de la cáscara y luego lanzarlo al aire para separarlo de las vainas. Como resultado, el grano de trigo quedaba listo para procesar. Para hacerlo se necesitaba un lugar abierto para que el aire ayudara, pero Gedeón lo hizo escondido para no llamar la atención de sus enemigos quienes le robarían el trigo.

Preguntas para los agentes:

#1 ¿Qué es una vaina?: La vaina es la cáscara que envuelve algunos granos.

#2 ¿Recuerdas qué es trillar? Es el proceso de triturar o golpear el grano para separar el grano de la cáscara o paja.

Misterios por resolver:

Si estamos hablando del pueblo que Dios había escogido, entonces:

¿Cuál fue el pecado de Israel por el cual el Señor permitió que los madianitas los oprimieran?

¿De dónde provienen los madianitas?

INVESTIGACIONES BÍBLICAS
DEL ANTIGUO TESTAMENTO

¿Tenemos un Agente "D" en esta historia?
¿Qué podemos aprender hoy de esta historia?

Eso es lo que vamos a investigar, pero antes vamos a ir a nuestro Espacio "D".

ESPACIO "D"
Nuestra sección para jugar con propósito

Juego: Guerrero Veloz

Materiales: - 2 armaduras plásticas o fabricadas en cartón, las cuales tengan las piezas que menciona Efesios 6:14-17.

Explicación: En este juego participará toda la clase. En primer lugarlugar, dispón una hilera de niñas y otra de niños, todos sentados. El último niño de cada equipo tendrá una caja con todas las piezas de la armadura. Cada equipo elegirá a un representante que pasará al frente de su equipo y será quien deberá ir vistiéndose con las piezas de la armadura que su equipo le irá pasando. La condición es que cada pieza debe pasar de mano en mano por todos los participantes del equipo y cuando llegue al frente el representante del equipo se las irá colocando. Ganará el equipo que logre pasar las piezas más rápido y cuyo guerrero logre estar vestido en el menor tiempo posible.

Aplicación: Hoy leeremos la historia de un guerrero valiente que fue veloz en escuchar lo que Dios le pidió hacer. Aunque a veces este guerrero tenía miedo o no se sentía muy seguro, no dejó que sus limitaciones lo detuvieran de hacer lo que Dios le pedía. Tampoco se paralizó a pesar de que todo un pueblo pensaba muy diferente a él. Ser veloz como estos niños que hoy se vistieron con rapidez, no es fácil, principalmente cuando se trata de obedecer instrucciones.

EPISODIO 2 GEDEÓN

A veces nos cuesta y no queremos hacerlo o queremos hacerlo a nuestra manera. Pero hoy aprenderemos que un Agente "D" no se detiene por sus limitaciones y que es veloz para obedecer las instrucciones y hacer lo que Dios le pide. Aunque sienta miedo, confía en que su fuerza y valentía vendrá del Señor.

Material: Sopa de letras

DESCARGA EL MATERIAL COMPLEMENTARIO EN
WWW.E625.COM/LECCIONES

INVESTIGACIONES
BÍBLICAS
DEL ANTIGUO TESTAMENTO

EXPEDIENTES

Cápsula de sabiduría para el maestro

Es muy importante que como maestros de niños recordemos usar diferentes técnicas durante nuestro tiempo de enseñanza, pues el aprendizaje será más efectivo si llegamos a través de sus cinco sentidos. Lo que ven, lo que oyen, lo que hacen, lo que cantan en estos momentos de la clase son la clave del éxito en el aprendizaje pues los niños recuerdan:

- el 10% de lo que oyen
- el 20% de lo que ven
- el 50% de lo que hacen
- el 95% de lo que cantan

MANUAL DEL AGENTE

Nuestro pasaje bíblico

Prepara con anticipación los objetos que te sugerimos y que te ayudarán a hacer pequeños altos en medio del relato para enfatizar algunas acciones en medio de la historia. A medida que empieces

INVESTIGACIONES BÍBLICAS

la narración puedes involucrar ayudantes que colaboren contigo sosteniendo los objetos y mostrándolos a la clase. Explica a la clase que la intención de los altos es que ellos retengan en su memoria los objetos y acciones, y que al finalizar la historia preguntarás para ver quién memorizó más objetos y situaciones del mensaje y que quien retenga más información será premiado.

Sugerencia: Si quieres puedes diseñar un letrero que diga "Alto" (o "Pare" o "Stop") como los que usan los policías de tránsito, así cada vez que quieras hacer una pausa solo levantarás el cartel y les mostrarás el objeto o realizarás la acción que enfatizarás.

Materiales:
- Letrero de ALTO/PARE/STOP
- Frasco con semillas
- Ramillete de trigo
- Rastrillo
- Espada
- Trompeta
- Recipiente con agua
- Cántaro y antorcha
- Orejas de plástico

Te recomendamos que hagas una lectura completa de la vida de Gedeón la cual se encuentra desde Jueces 6 y 7. A continuación presentamos únicamente algunos pasajes para resaltar en el relato.

Gedeón, Juez de Israel

¿Sabías que el nombre de Gedeón significa "guerrero poderoso"? Gedeón fue uno de los jueceslos jueces que gobernaron Israel. Es considerado como uno de los más sobresalientes por la magnitud de su "obra guerrera" contra uno de los pueblos enemigos de Israel: los madianitas. Gedeón tuvo éxitos y fracasosfracasos, pero siempre se mantuvo sirviendo al Señor y estuvo atento a la tarea que Dios le había asignado.

EPISODIO 2 GEDEÓN

Lee:
Jueces 6: 1-3

ALTO.
Muestra las semillas y pregunta:
Agentes, ¿qué hacía el pueblo de Israel?
Respuesta: sembraban.

Jueces 6:6
Jueces 6:11

ALTO.
Muestra el trigo y el rastrillo y pregunta:
Agentes, ¿qué estaba haciendo Gedeón?
Respuesta: estaba trillando el trigo.

Jueces 6:12

ALTO.
Muestra la espada y pregunta:
Agentes, ¿cómo vio Dios a Gedeón?
Respuesta: como un guerrero valiente.

Jueces 6:13-16
Jueces 6:33-34

ALTO.
Muestra la trompeta. Pídele a tu ayudante que sople

y haga ruido de trompeta y pregunta:
Agentes, ¿el poder de quién estaba en Gedeón?
Respuesta: el poder del Espíritu del Señor.

INVESTIGACIONES BÍBLICAS

DEL ANTIGUO TESTAMENTO

Jueces 6:35
Jueces 7:1-3
Jueces 7:4

ALTO.
Muestra el recipiente con agua y pregunta
Agentes, ¿para qué dirigió Dios el ejército al agua?
Respuesta: para seleccionar quiénes irían y quiénes no irían a enfrentar a los madianitas.
(Dios le estaba dando instrucciones claras a Gedeón).

Jueces 7:5-7
Jueces 7:9-11a

ALTO.
Muestra las orejas de plástico y pregunta
Agentes, ¿qué le pidió el señor hacer a Gedeón?
Respuesta: escuchar. (Dios le estaba pidiendo a Gedeón que escuchara con atención; a veces escuchar con atención no es fácil).

Jueces 7:11b
Jueces 7:13-15

ALTO.
Pregunta: Agentes, ¿qué hizo Gedeón?
Respuesta: se inclinó y adoró. (¿Qué haces tú cuando Dios obra a tu favor o cuando te responde algo que esperabas? Escucha opiniones).

Jueces 7:16-20

ALTO.
Muestra el cántaro, la antorcha y la trompeta y pregunta:
Agentes, ¿qué fue lo que gritaron?

Respuesta: "¡¡¡Por el Señor y por Gedeón!!!".
¡Guau! Ese tuvo que haber sido realmente un grito de victoria.

Jueces 7:21-22

Cierre:
En ésta historia nuestro Agente "D" fue **Gedeón**. Él no solo tenía una armadura externa para ir a la guerra, sino que también tenía **el corazón y la actitud de un guerrero**, por eso fue un Agente "D". Se requiere valentía para estar dispuesto a levantarse y hacer la diferencia en medio de todo un pueblo que hacía lo que no agrada a Dios.

Gedeón nuestro suúper agente con actitud y corazón de guerrero:

1-Buscó oír la voz de Dios a través de Su Palabra.
2-Caminó en obediencia a lo que Dios le pidió.
3-Entendió que todo sucedería por la fuerza de Dios a través de él.
4-Se levantó "Decidido" y actuó con valor.

Tu misión, si decides aceptarla, es imitar la actitud y el corazón de un guerrero como Gedeón: esforzarte y ser valiente haciendo cada día lo que Dios pide en Su Palabra y marcar una diferencia haciendo siempre lo que agrada a Dios en medio de un mundo que hace lo que desagrada a Dios.

BITÁCORA DE LABORATORIO
¿En qué podemos comparar este pasaje con las situaciones que vivimos en nuestros días?

Nuestro pasaje comienza diciendo que los israelitas "hicieron lo que ofende al Señor" (Jueces 6:1 NVI). Lo interesante es que este

INVESTIGACIONES BÍBLICAS

pueblo era el pueblo de Dios: todos ellos conocían de Su presencia y de Su fidelidad, sin embargo, decidieron hacer lo que ofende a Dios. La Palabra dice que "hicieron", habla en plural, de manera que la mayoría decidió no buscar más Su presencia; la mayoría empezó a adorar a los dioses de esa región y desobedeció sus mandamientos.

Expediente # 1: Lo que ofende a Dios

Hoy en día estamos en la misma situación: somos el pueblo de Dios y tenemos Sus mandamientos para cumplir, sin embargo, todos podemos hacer cosas que ofenden a Dios. ¿Qué cosas hace la mayoría que te rodea que crees que ofende a Dios? (escucha respuestas). Vivimos en una época de tolerancia en la cual a la gente no le importa vivir de acuerdo a los principios de la Palabra, pero no debemos separar nuestra vida espiritual de nuestra vida cotidiana. En nuestro diario vivir debemos esforzarnos por obedecer Su Palabra en todo momento y en toda circunstancia.

> **¿Qué agrada a Dios?**
> Piensa en algo que estás haciendo hoy que sabes que agrada a Dios y le muestra tu obediencia. ¿Por qué es importante obedecer hoy las instrucciones que Dios nos da en Su Palabra?

Expediente # 2: La obediencia es acción

Cuando Gedeón recibió las instrucciones de Dios sintió un poco de temor y pidió una confirmación; pero a partir de eso se levantó y actuó con gusto, con creatividad y con valentía. Cuando recibimos una instrucción y la retrasamos o la cuestionamos, realmente estamos actuando con desobediencia. Por eso Gedeón se convirtió en un "guerrero valiente", no sólo porque escuchó la instrucción de Dios, sino porque la obedeció. Algunas veces Dios o nuestras autoridades —padres, maestros— nos piden cosas que no nos gusta hacer, pero si pedimos a Dios ayuda y fuerza para hacerlas, entonces nos convertiremos en "guerreros valientes" nosotros también.

> **¿Qué necesitas obedecer?**
> Piensa en la actividad que más te cuesta trabajo obedecer: tal vez es lavar los platos, tender la cama, sacar la basura, dejar de jugar videojuegos, etc. La próxima vez que te pidan hacer esa tarea, piensa un momento: ¿cómo responde un "guerrero valiente"? Y entonces levántate con gusto, creatividad, valentía y obedece.?

De nuestro Agente "D", Gedeón, necesitamos recordar:

1. Un Agente "D" siempre decide hacer lo que agrada a Dios y no lo que la mayoría hace.
2. Si caminamos en obediencia a Dios, recibiremos de Su ayuda en momentos difíciles.
3. Si nos esforzamos por cumplir Su Palabra cada día, seremos "guerreros valientes".
4. Todo lo que nos pidan hacer, debemos hacerlo con gusto, creatividad y valentía. Tú y yo somos los Gedeones de este tiempo. ¡¡¡No lo olvides!!!

ARCHIVO DE EXPERIMENTOS
Manos a la obra

Archivo # 1: Levanta tu antorcha

Materiales:
- Hoja de actividad para hacer una antorcha (una por niño).
- Tijeras y pegamento.

INVESTIGACIONES BÍBLICAS

Material: Hoja de actividad para realizar una antorcha

DESCARGA EL MATERIAL COMPLEMENTARIO EN
WWW.E625.COM/LECCIONES

Explicación: Cada niño recibe una copia (en lo posible en cartulina) de la hoja de actividad para realizar la antorcha. Siguiendo las instrucciones del maestro deben recortar la antorcha y enrollarla asegurándola con pegamento en la línea marcada para pegar.

Archivo # 2: Prepara con anticipación un escenario para tomar fotos del grupo completo y algunos accesorios de guerrero (cascos, espadas, escudos, cinturones, etc.), y las declaraciones impresas que te sugerimos a continuación.

Declaraciones sugeridas:
Escribe en nubes de pensamiento algunas de estas declaraciones o las que tú prefieras, colócales un palito de madera de donde se puedan sostener para usarlo como accesorio a la hora de la foto:

¡Guerrero creativo y valiente!
¡Agente de cambio!
¡Siempre listo para la obra de Cristo!
¡Siempre listo para ser evangelista!
¡Soy un agente obediente!
¡MisiÓN GedeÓN!
¡Por el Señor y por Gedeón!

Si prefieres hacer una foto individual te sugerimos preparar la silueta de un guerrero valiente (uno para los chicos y otro para las chicas) para que cada uno se tome una. Los niños podrán elegir el accesorio y declaración de su gusto. Asigna un lugar del salón de clase en donde dispondrás de manera segura y creativa tu escenario de fotos, o silueta de guerrero y la mesa con accesorios y las declaraciones impresas. Haz de este tiempo un momento que se preste para divertirse, pero a la vez para declarar sobre ellos la manera como Dios los ve. A estas fotos puedes imprimirlas y regalárselas a los chicos como un recuerdo inolvidable de tu clase y también pueden ser un recurso para tu página de Agentes en la Red.

PIES DE AGENTE...
...siguiendo Sus pasos

Versículo para memorizar:

"¡El Señor está contigo, guerrero valiente!". Jueces 6:12 NVI

Materiales:
- 2 armaduras de cartón de dos colores diferentes para diferenciar el de cada equipo (cada pieza tendrá una palabra del versículo)
- Una copia para cada alumno de la hoja "Guerrero valiente" que encontrarás más abajo.

Preparación: con anticipación esconde en el salón de clase las diferentes partes de la armadura. Si te es posible hacerlo al aire libre mejor; divide la clase en dos, un equipo de niñas y un equipo de niños.

Explicación: Cuando sea el momento de memorizar el versículo, dile a la clase que has escondido dos sets de la armadura, (seis piezas de cada set) y ellos con sus pies de superagentes deben ir a buscarlas. Si alguien encuentra piezas de su color asignado, debe venir con su equipo e intentar rápidamente descubrir y poner en orden el súper versículo de la clase, y memorizarlo. Si encuentra piezas de un color diferente, deberán dejarlas donde las encontraron.

INVESTIGACIONES BÍBLICAS

Actividad de cierre para la casa:

Entrega a cada niño una copia de la hoja "Guerrero Valiente" que incluye el versículo de la clase y un espacio en blanco para una foto. Explícales que esta hoja está diseñada para que peguen su foto y la coloquen en su habitación o en un lugar en donde puedan verla continuamente y recordar que Dios los ve como "Guerreros Valientes" sin importar nuestras limitaciones o temores. Dios siempre nos ve y nos recuerda que nunca estamos solos. Recuerda Jueces 6:12

"¡El Señor está contigo, guerrero valiente!".

Material: Hoja "Guerrero Valiente"

DESCARGA EL MATERIAL COMPLEMENTARIO EN
WWW.E625.COM/LECCIONES

INVESTIGACIONES BÍBLICAS
DEL ANTIGUO TESTAMENTO

Material complementario:

AGENTES EN LA RED | MISIÓN MUNDIAL

DESCARGA EL MATERIAL COMPLEMENTARIO EN
WWW.E625.COM/LECCIONES

INVESTIGACIONES BÍBLICAS
DEL ANTIGUO TESTAMENTO

EPISODIO 3
RAHAB

AGENTES "D"

EPISODIO 3 RAHAB

FACTOR "C"
Un dato científico, cultural o contextual

Nota Importante:
El tema de Rahab como prostituta podría ser muy controversial dependiendo del grupo de niños al que enseñas, la edad y la cultura que viven en sus casas. Es por eso que te proponemos diferentes formas de presentarlo:

A los niños de 6 y 7 años puedes decirles:
"Rahab era una mujer que no vivía de acuerdo a lo que la Biblia dice".

A los niños de 8 y 9 años puedes decirles:
"Rahab era una mujer que no tenía una vida moral correcta".

A los niños de más de 9 años puedes decirles:
"Rahab era una mujer que vivía en libertinaje o en inmoralidad sexual".

Debes ser sensible en tu espíritu y discernir la manera correcta de abordar este tema, ya que si algún alumno tiene la Biblia o busca el pasaje en su dispositivo, encontrará la descripción que pueda ponerte en aprietos. La realidad es que la mayoría de ellos ya son conscientes de muchas cosas del mundo en el que vivimos y de la realidad que les rodea en la red cibernética, de manera que no debe ser un tema completamente ignorado por los niños. Además, como maestros nos hemos quedado sorprendidos de las películas y series a la que los niños ahora tienen acceso, de manera que no te alarmes, "los niños de hoy saben más de lo que tú y yo sabíamos cuando teníamos su edad". Si te preguntan ¿qué es una prostituta?, puedes simplemente responder: "Es una mujer que lleva una vida sexual —o simplemente 'una vida'— desordenada o fuera del orden de Dios".

INVESTIGACIONES BÍBLICAS

Cuando el pueblo de Israel se preparaba para invadir la tierra prometida, llegó a la primera ciudad, Jericó. Esta era una ciudad protegida por guardias en sus puertas y a lo largo de las grandes murallas que la rodeaban.

La Biblia dice que cuando el pueblo de Israel llegó cerca de Jericó, nadie entraba ni salía por miedo a los israelitas. El temor los mantenía alerta y vigilantes a cada persona que pasaba por las puertas de la ciudad. Por eso era necesario enviar espías que entraran sin ser descubiertos para conocer la ciudad. Las familias más vulnerables vivían en casas construidas en las paredes del muro que rodeaba la ciudad; ahí vivía nuestra protagonista de hoy. Como ella era marginada por la sociedad porque era prostituta, vivía el rechazo de todos por su mala reputación. Los viajeros solían hospedarse en estas casas sobre el muro; allí pasaban desapercibidos y recibían el alojamiento y la ayuda que necesitaran. Rahab tenía temor a los israelitas, igual que todos en la ciudad. Pero a pesar del miedo y rechazo que experimentaba, y a pesar de ser una mujer pagana —es decir que no era del pueblo de Israel y que adoraba a otros dioses— cuando escuchó que Israel avanzaba hacia ellos, supo que Jericó iba a ser destruida porque el Dios de Israel era el Dios verdadero. Rahab tuvo un corazón sensible para reconocer y buscar a Dios como su Salvador.

A pesar de su vida alejada de Dios ella creyó en el Dios de Israel y eso la pone como una heroína por su fe, obediencia y valentía. Ella protegió a los espías israelitas y no solo eso, sino que, al protegerlos, ella reconoció la manera poderosa en que Dios los había liberado de Egipto. Ella sabía que el Dios de Israel era el único Dios verdadero y les hizo jurar que, por haberlos ayudado, Israel iba a perdonar su vida y la de su familia. Y, como veremos en la historia, Rahab y su familia fueron los únicos sobrevivientes de Jericó. Es más: es mencionada en la genealogía de Jesús (Mateo 1:5) y también en el pasillo de la fama en Hebreos 11:31.

¡Vaya acto de fe! Ella caminó en fe sin saber que su tataranieto iba a ser el rey David, un hombre conforme al corazón de Dios. Es maravilloso tener un Dios que no nos condena por nuestro pasado o por nuestros errores, sino que nos redime y nos usa para alcanzar y salvar a otros. Todos podían señalar a la mujer del muro y mostrar su rechazo hacia ella, podían fácilmente señalar su pecado. Sin embargo, Dios encontró digna a Rahab por su corazón lleno de fe, obediencia y valentía, y esos factores la hicieron útil para el plan de Dios en ese momento.

Misterios por resolver:
Esta era una conquista humanamente imposible, pero Rahab se levantó como una Agente "D" y cambió la historia:

¿Por qué era necesario enviar dos espías?
¿Por qué entrarían en la casa de una prostituta?
¿Por qué Dios usó a Rahab para salvar la vida de los espías?

Eso y más investigaremos hoy, pero antes vamos a nuestro espacio "D".

ESPACIO "D"
Nuestra sección para jugar con propósito

Juego: Pasando el muro

Materiales:
- 2 cubetas o baldes pequeños y livianos
- Lazo o cuerda larga y resistente
- 50 pelotas pequeñas
- Muro de cartón, madera o telón
- Cronómetro

INVESTIGACIONES BÍBLICAS

Preparación:

Prepara con anticipación dentro de tu clase una pared de cartón o madera o un telón que funcione simulando una pared (la seguridad es primordial así que verifica que todo lo que se usará está bien asegurado para que no lastime a ninguno).

Explicación:

Necesitarás dos equipos participantes, cada equipo con dos chicos y una chica. En un lado del muro deberás colocar la cubeta llena de pelotas y los dos chicos participantes y del otro lado pon la cubeta vacía atada a la cuerda resistente y a la chica participante. El juego consiste en que, en el menor tiempo posible, deben pasar todas las pelotas de un lado al otro del muro usando la cubeta atada a una cuerda.

De un lado la chica sujeta la cuerda y del otro lado los chicos ponen la cantidad de pelotas que entren en la cubeta. La chica mueve suavemente la cuerda para traer la cubeta hacia su lado y poder sacar las pelotas y les regresa la cubeta vacía de nuevo; los chicos deben volver a llenarla rápidamente y así sucesivamente hasta lograr pasar todas las pelotas. El maestro debe tener un cronómetro y registrar el tiempo que les toma cumplir esta misión. En cuanto terminen, pasará el segundo grupo a hacer lo mismo y ganará el equipo que en menos tiempo logre pasar todas las pelotas al otro lado del muro.

Material: Sopa de letras

DESCARGA EL MATERIAL COMPLEMENTARIO EN
WWW.E625.COM/LECCIONES

EXPEDIENTES
Cápsula de sabiduría para el maestro

Tal vez te preguntes: ¿cuánto tiempo debo usar para narrar la historia a mis niños para ser realmente efectivo a la hora de enseñar? Bueno, es muy importante que recuerdes que los niños prestan atención en forma concentrada durante un minuto por cada año de edad que tienen.

Por ejemplo: si enseñas a niños de cinco años, su tiempo de atención concentrada promedio será de cinco minutos; si enseñas a un niño de diez años su atención concentrada será durante diez minutos. Es muy importante que consideres esto para determinar el tiempo de tu narración y tu creatividad para responder con éxito a las necesidades de cada edad. Usa esta información para crear ciclos de cambio durante toda tu clase y todos disfrutarán de ella.

MANUAL DEL AGENTE
Nuestro pasaje bíblico

Ideas para el relato:

Materiales:
- Pliegos de papel de dibujo
- Marcadores para dibujar las escenas
- Cinta adhesiva para pegar los pliegos en la pared

Para la narración de la historia usaremos dibujos de algunas escenas, de cinco a diez escenas dependiendo de la edad de los niños Te recomendamos que hagas una lectura completa de la vida de Rahab la cual se encuentra Josué 2-6. A continuación presentamos únicamente algunos pasajes para resaltar en el relato:

INVESTIGACIONES BÍBLICAS

DEL ANTIGUO TESTAMENTO

Los Dos Espías en Jericó
Escena I - Josué 2:1-7
Escena II - Josué 2:8-13
Escena III - Josué 2:15-19
Escena IV - Josué 2:22-24
Escena V - Josué 6:1-5
Escena VI - Josué 6:11-14
Escena VII - Josué 6:15-16
Escena VIII - Josué 6:25

Cierre:

En esta historia nuestro Agente "D" fue Rahab, y lo que la convirtió en una Agente "D" fue:

1-Reconoció que el Dios de Israel era el único y verdadero Dios.
2-Buscó a Dios para la salvación de su vida.
3.-Arriesgó valientemente su vida al esconder a los dos espías israelitas.
4-Pidió en juramento a los espías la salvación de su familia.
5-Diligentemente preparó a su familia para ser rescatada.

Tu misión, si decides aceptarla, es buscar desarrollar el corazón de fe, obediencia y valentía que tuvo Rahab, para permitir el cumplimiento del plan de Dios en nuestras vidas.

BITÁCORA DE LABORATORIO

¿En qué podemos comparar este pasaje con las situaciones que vivimos en nuestros días?

Rahab era una mujer que no creció en una familia que amaba a Dios ni le enseñaron principios de ética y moral, sin embargo, eso no la detuvo para buscar la salvación de su vida y la de su familia. Con Rahab aprendemos que Dios acepta a todo aquel que le busca con un corazón humilde y sincero.

EPISODIO 3 RAHAB

Expediente #1: Nuestra familia

Todas las familias tenemos cosas de las cuales sentirnos orgullosos y felices, las cuales contamos sin vergüenza, pero también tenemos situaciones en las cuales no se ha honrado a Dios y eso ha causado daño. Hablar de estas cosas no es muy agradable, pero al hacerlo podemos crear un ambiente de sanidad y de ánimo al ver lo que Dios hizo con la vida de Rahab. ¿Qué cosas crees que en tu familia han sucedido que no han honrado a Dios y han causado daño a otros? (Escucha respuestas). Cuando llegamos a estas situaciones podríamos pensar que no somos dignos de acercarnos a Dios pero, como Rahab, Dios no quiere que nuestro pasado nos detenga, sino que sea el trampolín que nos impulse a acercarnos a Él para alcanzar el futuro brillante que tiene para nosotros.

> **¿Qué hay en mi familia?**
> Piensa en algo que ha sucedido en casa que no ha honrado a Dios y ha causado daño. ¿Lo has puesto en las manos de Dios? ¿Has orado para entregarle a Dios ese dolor?

Muy probablemente, se presente un momento para orar por los chicos y chicas y luego pasa al siguiente expediente.

Expediente #2: Relación personal con Dios

Rahab dio el primer paso de valentía para buscar su salvación y la de su familia. Si tú amas a Dios y tienes una "relación personal" con Él, ya has dado el primer paso para que Dios transforme tu vida y el destino de toda tu familia. ¿Qué cosas ha hecho tu familia para acercarse a

> **¿Quién ama a Dios?**
> Piensa en los nombres de tus familiares que aman a Dios y tienen una relación personal con Él. ¿Quiénes son y qué hacen para tener una relación personal con Dios?

INVESTIGACIONES BÍBLICAS

Dios? ¿Quiénes en tu casa tienen una relación personal con Dios? Sólo es necesario que una persona alcance la salvación para que toda la familia pueda ser alcanzada con el amor de Dios. Así sucedió con Rahab: ella creyó y todos se salvaron.

Expediente # 3: Nuestro futuro

¿Has pensado cómo le cambió la vida a Rahab y a su familia? Pasaron de ser la familia señalada y menospreciada, a ser una familia aceptada en el pueblo de Dios; se quedaron allí y formaron parte del pueblo victorioso de Dios a quien Él le entregó esas tierras para vivir. Sin duda sus vidas cambiaron desde el momento que reconocieron que el Dios de Israel era el Dios verdadero. ¿Qué cosas crees que Dios puede hacer para cambiar a tu familia? ¿Qué milagros imposibles crees que Dios puede hacer para rescatar a tu familia? (Escucha respuestas).

> **¿Cómo ves tu futuro en Dios?**
> Piensa en los milagros que Dios puede hacer para salvar a tu familia. ¿Quiénes van a ser salvos? ¿Qué relaciones se van a sanar? ¿Cómo tu fe va a cambiar a tu familia?

Sin duda esta historia nos muestra que Rahab fue una mujer de fe la cual nos deja muchas enseñanzas:

1. Sin importar tu pasado, si te rindes a Dios y buscas obedecerle, Él cambiará tu vida.
2. Caminó en fe sabiendo que Dios la había perdonado.
3. Fue inteligente al pedir que con un juramento le garantizaran que la vida de su familia sería guardada.
4. Actuó con valentía protegiendo y ayudando a escapar a los espías. Ella arriesgó su vida por salvarlos a ellos.

ARCHIVO DE EXPERIMENTOS
Manos a la obra

EPISODIO 3 RAHAB

Cuerda Roja

¡Qué increíble historia de fe y valentía escuchamos hoy! Escuchamos que Rahab usando una cuerda roja ayudó a los espías a escapar por el muro. Hoy en nuestro Archivo de Experimentos haremos algo simbólico para llevar con nosotros siempre y recordar que Dios quiere que también nosotros seamos valientes y firmes en nuestra fe. Tejeremos un llavero usando cuerdas rojas. Este llavero nos recordará continuamente el mensaje de hoy.

Materiales:
- 3 cuerdas rojas de 15 o 20 cm c/u (un set para cada niño)
- 1 aro de llavero (uno para cada niño)
- 1 caucho o elástico (uno para cada niño)

Explicación: Cada niño recibirá tres cuerdas y un aro de llavero. Con la ayuda del maestro, tomará las tres cuerdas rojas y tejerá una trenza sujetándola del aro de llavero. Al terminar de tejer la trenza, la anudarás de manera segura usando un caucho o elástico. Nuestras ciudades ya no tienen muros así que nunca pasaremos una situación como la de Rahab, pero Dios espera que seamos valientes para cumplir la misión de hablar de Su Palabra o defender nuestra fe en Jesús. No es fácil hacerlo cuando a veces la gente levanta muros religiosos o muros de división que no nos permiten hablar, pero Dios puede darnos creatividad o ideas para saber pasar estos muros y ser valientes en la fe.

PIES DE AGENTE...
...siguiendo Sus pasos

Versículo para memorizar:

"A la verdad, no me avergüenzo del evangelio, pues es poder de Dios para la salvación de todos los que creen: de los judíos, primeramente, pero también de los gentiles".
Romanos 1:16 NVI

INVESTIGACIONES BÍBLICAS

Materiales:
-Una pared (si puedes salir del salón y hacerlo en una pared en un pasillo de la iglesia sería ideal; de no ser posible, una pared de tu salón de clase estará bien).
-El versículo para cada alumno, impreso dividido en tres partes para esconder en la pared.

Preparación:
Puedes imprimir el versículo separado en estos tres segmentos:
#1: A la verdad, no me avergüenzo del evangelio,
#2: pues es poder de Dios para la salvación de todos los que creen,
#3: de los judíos, primeramente, pero también de los gentiles.
Imprime las partes del versículo de alguna manera creativa y piensa cómo puedes pegarlo o esconderlo a lo largo de la pared.

Explicación:
Luego, a manera de competencia, pide a todos que encuentren los tres pedazos del versículo y lo pongan en orden. Si no puedes salir del salón de clase, escoge una pared en la que puedas pegar muy bien mezclado con diferentes colores y decoraciones las partes del versículo. Si el tiempo te lo permite haz una breve explicación del versículo y luego dales tiempo a los chicos para que hagan una oración pidiendo a Dios valentía para que en todo momento sean valientes testigos de Jesucristo.

Material complementario:

AGENTES EN LA RED | MISIÓN MUNDIAL

DESCARGA EL MATERIAL COMPLEMENTARIO EN
WWW.E625.COM/LECCIONES

INVESTIGACIONES BÍBLICAS
DEL ANTIGUO TESTAMENTO

EPISODIO 4
JOSÍAS

AGENTES "D"

FACTOR "C"
Un dato científico, cultural o contextual

Josías es el rey número dieciocho después de David y, aunque conocemos a David por su corazón conforme a Dios y a Salomón por su sabiduría, la Escritura dice que Josías hizo cosas que ningún rey había logrado. Es sorprendente que su padre Amón hizo lo que no agradaba al Señor, es más, promovió la idolatría en el pueblo de Dios, y su misma gente conspiró contra él y fue asesinado a los dos años de comenzar su reinado. El pueblo entonces eliminó a tales conspiradores y colocaron a Josías, su hijo, como el nuevo rey.

El único detalle era que Josías tenía tan solo ocho años pero, aunque era pequeño, tenía un corazón que amaba a Dios de tal manera, que en su gobierno tuvo cuatro logros sobresalientes:

1-Eliminó la idolatría: el pueblo y los reyes anteriores a Josías habían aceptado a otros ídolos extranjeros, trayendo objetos e ídolos al templo y al pueblo de Israel. Josías, aunque era joven, reconoció que eso desagradaba a Dios de manera que inició un recorrido por todo su pueblo destruyendo los altares construidos para dioses extranjeros como el dios de la luna, el dios del sol, el dios Moloc y dioses de los pueblos extranjeros. Josías no regresó a Jerusalén hasta lograr eliminar todo altar que no fuera para el Señor.

2-Reconstruyó el templo: debido a la idolatría y la apatía del pueblo a tener una relación con Dios intencional, activa y constante, el templo del Dios de Israel había sido olvidado, es más, habían colocado imágenes e instrumentos extranjeros dentro de él. En medio de ese desorden Josías ordenó que lo limpiaran y lo reconstruyeran.

INVESTIGACIONES BÍBLICAS

3-Renovó del Pacto con Dios: en medio de la reconstrucción se encontró un rollo que contenía la ley de Moisés. Algunos estudiosos creen que ese rollo era el libro de Deuteronomio. Luego de encontrarlo y escucharlo, Josías rasgó sus vestidos como símbolo de humillación y clamó a Dios. Convocó luego a todo el pueblo e hizo un pacto junto con el pueblo delante de Dios para rechazar la idolatría. Durante todo su reinado no hubo idolatría en el pueblo.

4-Celebró la Pascua: es muy interesante que la Palabra dice que, desde los tiempos de Samuel, no había existido una celebración de la Pascua como la que realizó Josías. Se requiere de un corazón dispuesto a humillarse y de una actitud radical para obedecer los mandamientos.

Misterios por resolver:
Josías marcó la historia de Israel pues hizo lo que agradó al Señor:
¿Qué hicieron los reyes anteriores a Josías?
¿Por qué los israelitas adoraron a otros dioses extranjeros?
¿Por qué crees que Josías no siguió el ejemplo de su padre?

Eso y más investigaremos hoy, pero por ahora vamos a nuestro espacio "D".

ESPACIO "D"
Nuestra sección para jugar con propósito

Juego: "El Rey Pide"

Materiales: accesorios de rey pero de tamaño grande:
- una corona
- un cetro
- una túnica real

Antes de iniciar el juego puedes decir que vas a pedir artículos que los niños encontrarán fácilmente en el salón, y el niño que logre traer los artículos lo más rápido posible será el elegido para ponerse la ropa del rey y dirigir el juego.

Explicación:
Divide a la clase en dos grupos.
El niño elegido para ser el rey se sentará en el trono preparado por el maestro de manera creativa. El rey tiene el poder de pedir lo que él desea que le traigan (puedes darle una lista secreta de artículos que puede pedir). A la cuenta de tres dirá la frase clave:
El rey pide que le traigan... un zapato, por ejemplo. Los niños deben obedecer y traer corriendo el zapato; el que llegue primero gana puntos para su equipo. Pero los niños deben estar muy atentos porque si el rey no usa la frase secreta... "El rey pide..." ... nadie debe obedecer. Por ejemplo, si el rey solo grita: "Traigan un calcetín" nadie debe hacerlo pues la forma correcta es usando la frase clave: "El rey pide que le traigan..."

La lista de pedidos podría ser:
-un zapato
-un calcetín
-una billetera
-una Biblia
-un cinturón
-un celular
-una botella de agua
-un libro, etc.

Material: Sopa de letras

INVESTIGACIONES BÍBLICAS

DEL ANTIGUO TESTAMENTO

EXPEDIENTES
Cápsula de sabiduría para el maestro

Somos maestros a tiempo completo. Los niños nos observan no solo en el salón de clase sino también fuera de él, así que es de suma importancia que seamos maestros "íntegros". Una persona íntegra es aquella que siempre hace lo correcto. Cuando hablamos de hacer lo correcto nos referimos a hacer todo aquello que responde positivamente de acuerdo a nuestros principios, valores y fe, y que no dañará a otros, sino que, al contrario, será de ejemplo a los demás.

MANUAL DEL AGENTE
Nuestro pasaje bíblico
La historia de tres reyes

Materiales:
- 3 letreros, uno para cada una de las siguientes palabras:
   DECIDE - BUENO - MALO
- Vestuario para el Rey Manasés (anciano - abuelo)
- Vestuario para el Rey Amón, (adulto - padre)
- Vestuario para el Rey Josías (niño - hijo)
- Artículos de fiesta para que toda la clase celebre la Pascua

Elige a tres voluntarios que te ayudarán vistiéndose y representando cada uno de los reyes de nuestra historia del día de hoy. Sé intencional en darle a cada uno un carácter representativo de su edad (anciano-adulto-niño). Tendrás que ir narrando las diferentes partes de la historia haciendo énfasis en el personaje del que estés hablando y haciendo uso de los tres letreros (DECIDE- BUENO- MALO), de acuerdo al rey que estés mencionando.

¡El rey Josías nos enseña a hacer lo que está bien!

EPISODIO 4 JOSÍAS

Te recomendamos que hagas una lectura completa de la vida de Josías, la cual se encuentra en 2 Crónicas 33-35 y en 2 Reyes 22-23:30. A continuación presentamos algunos pasajes importantes para el relato de hoy:

1. Manasés, el abuelo: DECIDE hacer lo MALO, pero luego se arrepiente y DECIDE hacer lo BUENO.

(Te ayudará el voluntario vestido de Manasés y usará los tres letreros).

¿Sabes quién era Manases? Te explicaré un poco. Josías, nuestro Agente "D" de este episodio, fue hijo de un rey muy malo de Judá llamado Amón, quien lo tuvo a los dieciséis años de edad. Amón a su vez fue el hijo de Manasés, que fue también mal gobernante durante muchos años, (muestra el letrero MALO) antes de que los asirios lo capturaran y lo llevaran prisionero a la lejana Babilonia. Allí Manasés se arrepintió, le pidió perdón a Dios, y Dios lo perdonó. Una vez libre, Manasés volvió a reinar en Jerusalén. De inmediato corrigió lo malo que había hecho y ayudó a la gente a servir a Dios. (Muestra el letrero BUENO). Así fue el reinado de Manasés: un tiempo hizo lo malo, pero se arrepiente y luego decide (muestra el letrero DECIDE) hacer lo bueno.

¿Te imaginas lo triste que debió sentirse cuando vio que su hijo Amón no imitaba sus buenas acciones? ¿Lograste entender quién era Manasés? Manasés era el Abuelo del rey Josías. La Biblia no detalla si Manasés y Josías tuvieron una relación cercana, pero es probable que Manasés le enseñara a su nieto la importancia de servir a Dios Josías tenía seis años cuando Manasés murió y Amón subió al trono.

2. Amón, el papá: DECIDE hacer lo MALO.
(Te ayudará el voluntario vestido de Amón y usará el letrero que dice DECIDE y el que dice MALO).

INVESTIGACIONES BÍBLICAS

"Amón tenía veintidós años cuando comenzó a reinar en Jerusalén y reinó durante sólo dos años. Su reinado fue tan malo [muestra el cartel MALO] como lo fueron los primeros años de su padre Manasés, porque Amón ofreció sacrificio a los ídolos, como lo había hecho su padre". (2 Crónicas 33:21-22).

Pero, a diferencia de su padre Manasés, Amón decidió (muestra el letrero DECIDE) mantenerse en lo malo, no se arrepintió ni se humilló ante el Señor, sino que pecó cada vez más. Amón reinó por poco tiempo, pues, como dijimos al principio, a los dos años lo asesinaron sus propios siervos. Sus ministros conspiraron contra él y lo asesinaron en su palacio. A su vez, la gente mató a todos los que habían conspirado contra él, y en su lugar proclamaron rey a su hijo Josías. Como consecuencia, Josías se convirtió en rey de Judá cuando solo tenía ocho años (2 Crónicas 33). ¿Qué crees que haría Josías? ¿Seguiría el mal ejemplo de su padre Amón, o el buen ejemplo de su abuelo Manasés que se arrepintió?... ¿Qué decidirá Josías? Escuchemos la historia:

3. Josías el Hijo: DECIDE hacer lo BUENO.
(Te ayudará el voluntario vestido de Josías y usará el letrero DECIDE y el letrero BUENO).

Como ya dijimos, Josías tenía ocho años cuando ascendió al trono, y reinó en Jerusalén durante treinta y un años. Él decidió (muestra el letrero DECIDE) hacer lo que agrada al Señor, ya que siguió el buen ejemplo de su antepasado David; no se desvió de él en el más mínimo detalle. Josías caminó haciendo lo bueno durante todo su reinado (muestra el letrero BUENO) e hizo cuatro cosas muy buenas:

1-Eliminó la idolatría: 2 Crónicas 34:3-7
2-Reconstruyó el templo: 2 Crónicas 34:8-11
3-Renovó el Pacto con Dios: 2 Crónicas 34:14-21, 26-33

4-Celebró la Pascua: 2 Crónicas 35:1, 6-7, 16-19
Muerte de Josías: 2 Crónicas 35:20-24

Cierre:
En esta historia nuestro Agentes "D" es Josías, y algunas de las acciones que lo convirtieron en un agente son:

1-Decidió buscar al Dios de Israel y no seguir el mal ejemplo de sus antepasados.
2-No se detuvo por ser joven, empezó a ser rey a los ocho años y a los dieciséis emprendió un viaje por todo Israel para eliminar la idolatría.
3.-En la búsqueda de agradar a Dios, ordenó reconstruir el templo de Salomón.
4-Su corazón se conmovió profundamente al escuchar la ley que el Señor le había dado a Su pueblo.
5-Celebró la Pascua honrando a Dios por la libertad de la esclavitud en Egipto.

Tu misión, si decides aceptarla, es desarrollar el corazón de Josías que DECIDIÓ hacer lo BUENO y sus buenas acciones le trajeron bendición a todo el pueblo de Israel.

BITÁCORA DE LABORATORIO

¿En qué podemos comparar este pasaje con las situaciones que vivimos en nuestros días?

¿Acaso se acobardó Josías porque era pequeño? ¿Tuvo temor de levantarse a pelear contra todo lo que no agradaba a Dios? ¿Cómo te sentirías si fueras elegido hoy como presidente del país en el que vives? Definitivamente Josías tenía una relación viva y constante con el Señor para poder realizar tales cosas.

INVESTIGACIONES BÍBLICAS

Expediente # 1: Tú no puedes

Josías fue puesto en el reino porque a su padre lo asesinaron, de manera que no tuvo tiempo para prepararse o tomar cursos para saber cómo ser un buen rey. ¿Qué cosas crees que fueron difíciles de manejar para Josías cuando subió al reino teniendo sólo ocho años? Piensa en momentos donde tal vez te has sentido rechazado por adultos que piensan que eres pequeño o te hacen sentir que no tienes edad para hacer algo realmente importante.

> **¿Qué cosas te han criticado?**
> Piensa en aquellas cosas que te han dicho que no puedes hacer porque eres pequeño, pero tú piensas que sí podrías hacerlas. ¿Por qué crees que los adultos piensan eso?

Expediente #2: Cien por ciento radical

Josías levantó su voz como rey que era y defendió el nombre del Señor. A la hora de agradar a Dios no le preocupó si la gente se iba a enojar con él o si tenía que ser amable preguntando si querían dejar los ídolos extranjeros. ¡No! Josías fue radical y le hizo frente a toda actitud que era contraria a Dios. ¿Sabes qué significa ser radical? Es ser una persona que no acepta términos medios en sus opiniones o decisiones. Hoy Dios espera que nosotros seamos igualmente radicales para agradarle. Que no seamos medio cristianos, o medio obedientes, o medio honestos. Muchos cristianos son amables y eso es importante, pero

> **¿Cien por ciento radical?**
> Recordemos lo que es ser una persona radical: es no aceptar términos medios en nuestras opiniones o decisiones. Encuentra tres maneras en la que puedes ser un chico radical de este milenio. ¿Cómo seré radical en mi escuela? ¿Cómo seré radical en mi familia? ¿Cómo seré radical con mis amigos?

se olvidan de ser radicales. **Necesitamos una medida de ambas cosas: amabilidad para tratar con compasión a los perdidos y ser radicales para tratar con el pecado.**

Expediente #3: ¿Idolatría?

Un ídolo es una figura o imagen a la que se adora y se rinde culto como a un dios. Un ídolo es todo aquello a lo que le damos toda nuestra atención, nuestro amor y es lo que ocupa el primer lugar en nuestras vidas. En nuestra cultura tal vez no tengamos imágenes que adoramos en nuestra casa como en otras partes del mundo, pero sí tenemos cosas a las cuales les hemos dado todo nuestro corazón y que, si nos las quitaran, sería aterrador. Esos son ídolos en nuestra vida. Piensa qué cosas tal vez están en el centro de tu corazón o de qué cosas te has hecho dependiente, por ejemplo:

Algunos chicos se sienten morir si les piden entregar su celular, o tal vez enloquecerían si no tuvieran un dispositivo electrónico en su mano. ¿Puedes identificar alguna cosa o hábito que quiere tomar el lugar de Dios en tu corazón? Sin duda esta historia de Josías nos deja varios desafíos:

1. Pararnos firmes en defensa del bien, aunque seamos jóvenes. DECIDIR hacer lo BUENO.
2. Rechazar la idolatría y todo aquello que nos roba el lugar que solo Dios debe tener en nuestra vida.
3. Amar la ley del Señor, amar Su Palabra, la Biblia, y no permitir que se pierda nuestra fe y nuestras convicciones.
4. Detectar y corregir cualquier actitud o conducta que Su Palabra nos mande a cambiar.
5. Ser obediente y buscar Su voz y dirección en todo lo que hacemos.

¿A qué cosas en casa estamos tratando como ídolos?

Observa con atención qué hace cada miembro de tu familia. Pon atención a cada cosa, especialmente aquellas cosas que no pueden dejar de hacer. ¿Observas algo que podría ser idolatría? ¿Estaremos dándole más tiempo y atención a algunas cosas que a Dios?

INVESTIGACIONES BÍBLICAS

ARCHIVO DE EXPERIMENTOS
Manos a la obra

El cubo de Josías...

Materiales:
- Una hoja de cartulina para cada niño
- Tijeras
- Pegamento
- Marcadores

Trae fotocopiado en las hojas de cartulina la silueta de un molde para armar un cubo. Entrégale a cada niño una hoja y pídeles que en cada cara del cubo escriban con los marcadores una letra del nombre de JOSÍAS. Un cubo tiene seis caras y el nombre de Josías tiene seis letras así que escribiremos una letra en cada cara.

Luego les enseñaremos con cada letra una palabra relacionada con algo importante de la historia del rey Josías. Después de escribir las letras, deben recortar el cubo y armarlo pegándolo con pegamento. Los niños se llevarán el cubo para que al llegar a casa puedan compartir lo más valioso de la historia de Josías con su familia y amigos.

Joven: Josías fue un rey muy joven pero fue un gran líder; su edad no le mpidió gobernar con excelencia.

Obediente: Josías fue un Agente "D": decidido a obedecer y agradar a Dios y no a la gente.

Sabio: A pesar de ser muy joven Dios le dio a Josías mucha sabiduría y siendo solo un niño, gobernó con mayor inteligencia que su padre y su abuelo.

Idolatría: Durante su gobierno Josías derribó todos los altares a dioses falsos que había dentro del pueblo de Israel.

Amor: Josías fue un rey que AMÓ al Señor y AMÓ la Palabra.

Santidad: Josías sabía que Dios es un Dios Santo y que espera de nosotros santidad, así que él se propuso limpiar a la nación del pecado y de todo lo que no honraba a Dios.

PIES DE AGENTE...
...siguiendo Sus pasos

Versículo para memorizar:
>"... hizo promesa ante el Señor de seguir sus mandamientos con todo su corazón y su alma, y hacer todo lo que estaba escrito en el rollo".
>2 Crónicas 34:31

Materiales:
-Un rollo de pergamino u hoja de papel para cada alumno
-Lapiceras o marcadores
-Rollo ejemplo para la clase

Preparación:
Organiza los materiales para que los niños se imaginen cómo debía haberse visto el rollo que encontraron. Tal vez se veía viejo, con color opaco, escrito en tinta negra que resaltaba en el papel y podía leerse. Prepara con dedicación un rollo para cada niño. Busca ayuda en internet. Además de los rollos para que hagan los chicos, prepara un rollo con el versículo escrito como ejemplo y escóndelo en alguna parte del salón o del patio.

Explicación:
Di a los niños: "A la cuenta de tres necesito que me ayuden a buscar un rollo muy importante que se me perdió. Si lo encuentran deben

INVESTIGACIONES BÍBLICAS

traérmelo con mucho cuidado para que podamos leer el mensaje". Cuando lo encuentren, lee y explica cada parte del versículo de 2 Crónicas 34:31. Repásalo varias veces, buscando que la mayoría logre memorizarlo; luego haz una oración donde juntos hagan la misma promesa que hizo Josías y el pueblo de Israel.

Ej.: "Señor ayúdanos a seguir tus mandamientos con todo nuestro corazón y con toda nuestra alma; ayúdanos a ser obedientes como Josías y a hacer todo lo que la Palabra nos pide. Te pedimos que nos ayudes a ser fieles a ti y a tus mandatos, aunque nadie a nuestro alrededor lo haga. Llénanos de sabiduría. AMÉN". Para terminar, permite que cada chico haga su propio rollo escribiendo el versículo para llevar a casa y poder compartirlo con su familia y amigos. ¡Manos a la obra!

Material complementario:

AGENTES EN LA RED | MISIÓN MUNDIAL

DESCARGA EL MATERIAL COMPLEMENTARIO EN
WWW.E625.COM/LECCIONES

EPISODIO 5
DANIEL

AGENTES "D"

FACTOR "C"
Un dato científico, cultural o contextual

Daniel capítulo 1 inicia con la frase: "Tres años después que el rey Joacim comenzó a reinar en Judá, Nabucodonosor, el rey de Babilonia, vino a Jerusalén y la sitió con sus ejércitos". Según el sistema babilónico de cómputo de años, el tercer año de Joacim habría sido el 605 a.C.

Cuando una nación conquistaba a otra, la tradición era traer los utensilios sagrados del pueblo conquistado, al templo del dios de la nación conquistadora para demostrar la victoria de las deidades y la superioridad de su dios. De manera que ese acto de Nabucodonosor era un mensaje fuerte para Israel.

Babilonia tenía una estrategia única en el asunto de la guerra. Las otras potencias cuando sitiaban pueblos o naciones exterminaban toda fuente de vida para borrar a esa nación del mapa; sin ir muy lejos, esa fue la estrategia de Israel al entrar a la tierra prometida. Babilonia, por el contrario, se tomaba tiempo para elegir, soldados para su ejército, siervos para sus ciudades y, claro, muchachos sabios que pudieran ser entrenados en las ciencias y la cultura babilónica.

Para escoger a los judíos que traerían al palacio eran bastante exigentes en distintas áreas:

A) Área física: no debían tener ningún defecto o incapacidad, debían ser de hermoso parecer, es decir, guapos a simple vista.
B) Área mental: debían sobresalir en su inteligencia.
C) Área social: debían ser refinados y de buen comportamiento, además de tener aptitudes de liderazgo.

INVESTIGACIONES BÍBLICAS

DEL ANTIGUO TESTAMENTO

Sus edades debían oscilar entre los catorce y dieciocho años.

Para comenzar a "reprogramar" el cerebro de los muchachos de acuerdo a la nueva cultura, la tradición era darles nombres babilónicos derivados de los nombres de sus dioses.

Daniel y sus amigos fueron famosos por el ayuno que hicieron, pero las razones de su abstinencia iban más allá de querer hacer una dieta para bajar de peso. El asunto estaba enfocado en que no querían ser infieles a Dios al honrar a los dioses de Babilonia ya que, como la comida y la bebida era dedicada a los ídolos, el comerlas se interpretaba como un culto que se hacía para rendir honor a esos dioses.

Cuando Daniel **"se propuso no contaminarse",** realmente estaba parándose firme en sus convicciones y rechazando adorar a otro dios, sin mencionar que era comida directamente prohibida para el pueblo de Israel (Levítico 11).

Así que Dios honró la actitud del corazón de Daniel al querer apartarse y seguir siendo fiel a su Señor a pesar de estar en una tierra extranjera con dioses paganos.

Daniel 1:15 dice: "Al finalizar los diez días, ¡Daniel y sus tres amigos parecían más saludables y mejor alimentados que los jóvenes que habían estado comiendo de la comida del rey!". Dios los honró públicamente, así como ellos lo honraron públicamente, es más, el rey Nabucodonosor los encontró diez veces más inteligentes que todos los magos y hechiceros de Babilonia.

Misterios por resolver:
Si ellos habían sido llevados cautivos a un país lejano y pagano:
¿Cómo lograron mantenerse fieles a Dios?
¿En qué momento crees tú que ellos decidieron no contaminarse,

en el momento en que estaban frente al banquete o cada día cuando pasaban tiempo con Dios y Su Palabra?
¿Crees que los rechazaban por comer diferente?
¿Habrá sido fácil para ellos ser los "diferentes" de todo un reino?

Esto y más es lo que investigaremos hoy, pero por ahora vamos a nuestro Espacio D.

ESPACIO "D"
Nuestra sección para jugar con propósito

Juego: DECIDE NO contaminarte

Materiales:
-Platos y cubiertos desechables (uno para cada niño de la clase).
-Pinzas para tomar alimentos.
-Mesa decorada de manera llamativa con diferentes tipos de comida y bebidas para niños (coloca variedad comida saludable y también comida chatarra o golosinas, por ejemplo: frutas, hamburguesas, hot dogs, panes, galletas dulces, barras de granolas, gaseosa, jugos, botellitas de agua, cupcakes, ensaladas, chips, yogurt, galletas de sal, pizza, pan integral, limón, tocino, salchichas, mermelada, etc.).

Explicación:
Explica a la clase que tienen a su disposición esta gran mesa con un banquete que tiene de todo y que el juego consistirá en que —a la cuenta de tres— cada uno deberá tomar un plato y correr a la mesa. Tendrán diez segundos para elegir poner en su plato su menú favorito. Ellos deberán decidir qué quieren comer (déjalos elegir a su gusto). El que termine regresará con su plato delicioso a su lugar y al finalizar tomarás un tiempo para observar cada plato y concluir quién fue el alumno que decidió mejor su plato, considerando que su elección sea la más balanceada y nutritiva.

INVESTIGACIONES BÍBLICAS

Aplicación: Cada día tenemos banquetes frente a nuestros ojos: banquetes para alimentar el cuerpo y banquetes para alimentar el espíritu; lo importante es desarrollar la habilidad de decidir correctamente.

Conclusión: Hoy vamos a hablar de un grupo de chicos que fue llevado cautivo a un país lejano, extraño, con costumbres diferentes, idioma diferente y, además, comida diferente. No fue fácil para ellos que los aceptaran en otra cultura. Dios los hizo exitosos porque ellos decidieron ser fieles y aferrarse a su fe. Vamos a escuchar la historia.

Material: Sopa de letras

DESCARGA EL MATERIAL COMPLEMENTARIO EN
WWW.E625.COM/LECCIONES

EXPEDIENTES
Cápsula de sabiduría para el maestro

¡Maestros de buen humor...!
Para una formación integral en los niños los maestros debemos incluir el "sentido del humor" y la creatividad para crear puentes de relación con los alumnos. Debemos buscar involucrarnos intencionalmente de manera especial y efectiva en el corazón de nuestros niños y no limitarnos meramente a ser una autoridad a la cual deben obedecer. La Biblia dice que los niños buscaban a Jesús y los discípulos querían impedirlo... No sé tú, pero yo veo que los niños corren a acercarse a su maestro favorito que por lo general es el maestro dinámico, creativo, de buen humor, con corazón de niño, que a cada oportunidad que tiene busca conectar al niño con Jesús por medio de la diversión y el amor.

EPISODIO 5 DANIEL

MANUAL DEL AGENTE
Nuestro pasaje bíblico

Ideas para el relato:

Materiales:
- Sombreros y vestimenta de chef para cuatro actores.
- 1 micrófono de cartón y tabla para el presentador.
- 1 canasta con comida y bebidas modernas poco saludables.
- 3 canastas cerradas.
- 1 corona para rey.
- 2 lechugas y 2 tomates.

Participantes:
- 1 presentador (el maestro)
- 4 chicos que representen a Daniel, Sadrac, Mesac y Abednego
- 1 chico que represente al rey
- 1 chico que represente al Jefe de los Oficiales

Para narrar la historia haremos un drama fingiendo que los cuatro participantes están en una competencia de comida, similar a "Iron Chef of America" o algún show parecido. Juega con la idea del show para entrelazar y relatar la historia. Elige con anticipación alumnos que te ayudarán a representar en vivo la historia.

Presentador:
—Niños y niñas, bienvenidos a nuestro "Babilonia Iron Cheff". Tenemos a nuestros cuatro participantes del evento que más "likes" han recibido. Por favor, recibamos con un fuerte aplauso a: Daniel, Sadrac, Mesac y Abednego; ellos son nuestros participantes del "Babilonia Iron chef " del día de hoy.

INVESTIGACIONES BÍBLICAS

DEL ANTIGUO TESTAMENTO

—Leeré una pequeña introducción, escuchen:

"Tres años después que el rey Joacim comenzó a reinar en Judá, Nabucodonosor, el rey de Babilonia, vino a Jerusalén y la sitió con sus ejércitos. El SEÑOR le permitió que venciera sobre Joacim, el rey de Judá. Al volver a Babilonia, se llevó algunas de las copas sagradas del templo de Dios, y las colocó en la casa del tesoro de sus dioses...".
(Daniel 1:1-2).

—Además, el rey dio la siguiente orden:

Rey:
—Oficiales, traigan delante de mi presencia a algunos de los israelitas pertenecientes a la familia real y a la nobleza.

Presentador:
— Entre ellos estaban: Daniel, Sadrac, Mesac y Abednego, aplausos por favor.

—Como pueden ver —señala a los participantes— ellos son jóvenes muuuyyy apuestos y sin ningún defecto físico, con aptitudes para aprender de todo y actuar con sensatez. Son jóvenes muy sabios y aptos para el servicio en el palacio real y sabios en su manera de comer, a los cuales apenas debemos enseñarles la lengua y la literatura de los babilonios.

Rey:
—Les asignaré raciones diarias de la comida y del vino que se sirve en mi mesa real.

Entrega a cada participante una canasta con alimentos y grita:
—Jefe de guardias, llévatelos y tráemelos dentro de tres años para ver cuánto han avanzado.

Presentador:
—Estos jóvenes recibieron estas canastas llenas de las delicias de la mesa del rey... ¡GUAU! ¡Qué privilegio! No puedo esperar para ver qué tienen ahí...

Se acerca a los participantes y abre una canasta y muestra un combo de hamburguesa, gaseosas, helado, galletas y un cupón gratis para consumo ilimitado de golosinas.

—¡Guau! Esto se ve muy interesante, y después de esta preparación de tres años entrarán al servicio del rey. ¡¡¡Buenísimooo!!!

El Jefe de Guardias se lleva a los jóvenes y Daniel le dice:

Daniel:
—No puedo contaminarme con esta comida y bebidas que nos dio el rey, así que te pido por favor que no nos obligues a comerla.

Jefe de oficiales:
—No es fácil lo que me pides. "Mi señor el rey ha ordenado que ustedes coman esta comida y beban este vino, le dijo. Tengo miedo de que se pongan pálidos y delgados en comparación con los otros jóvenes de su edad, y luego el rey me cortaría la cabeza por no cumplir bien con mis responsabilidades". (Daniel 1:10).

Daniel:
—"Haz una prueba con nosotros. Por diez días danos de comer vegetales y de beber sólo agua. Al final de los diez días, compara nuestro aspecto con el de los jóvenes que comen la comida del rey, y entonces decide si nos dejas continuar comiendo vegetales y bebiendo agua". (Daniel 1:12-13).

INVESTIGACIONES BÍBLICAS

Presentador:
—El guardia aceptó la propuesta, y los sometió a una prueba de diez días. Al cumplirse el plazo, el jefe de oficiales vino a ver a los jóvenes participantes.

Jefe de oficiales:
Rodea a los jóvenes los observa de pies a cabeza y dice:
—Estos jóvenes se ven más sanos y mejor alimentados que cualquiera de los que comieron de la comida real. Así que retiraremos la comida y el vino del rey, (quita las canastas de comida) y en su lugar les seguiremos alimentando con verduras (les entrega las lechugas y tomates)

Presentador:
— *"Dios concedió a estos cuatro jóvenes gran facilidad para aprender y pronto ellos habían llegado a dominar toda la literatura y ciencia de aquel tiempo. Y a Daniel además le dio la habilidad de poder entender el significado de sueños y visiones. Cuando se completó el periodo de tres años de entrenamiento, el jefe del personal llevó a todos los jóvenes ante el rey Nabucodonosor". (Daniel 1: 17-18).*

Rey:
—Estoy listo para recibir a estos cuatro jóvenes. Les interrogaré para saber si son sabios y tienen suficiente conocimiento y fuerza; esta entrevista será definitiva.

Presentador:
—Así lo hizo: el rey los entrevistó y en todos los temas que requerían de sabiduría y discernimiento los halló diez veces más inteligentes que todos en su reino. Fue así como Daniel se quedó en Babilonia hasta el primer año del rey Ciro.

Todos los actores se retiran y el maestro reflexiona con la clase:

—¿Se imaginan? ¡Fueron hallados diez veces más inteligentes que todos los demás! Eso es lo que sucede cuando decidimos en nuestro corazón no contaminarnos. Cuando desarrollamos carácter, disciplinas y las combinamos con integridad, somos hallados diez veces mejores. Dios pondrá en nosotros habilidades que van más allá de lo que podemos imaginar.

Cierre:
En esta historia nuestros Agentes "D" fueron Daniel y sus amigos, y lo que les convirtió en esos agentes fue que:

1-Apesar de ser llevados esclavos, nunca negaron su fe.
2- Decidieron en su corazón no comer ni beber de la porción del rey para no deshonrar a su Dios.
3.-Se mantuvieron firmes y por tres años no comieron lo que todos comían, solamente comieron verduras y agua.
4-Al final, Dios les honró haciéndoles diez veces más sabios que todos los que estaban a su alrededor y que no honraban a Dios.

Tu misión, si decides aceptarla, es desarrollar un corazón con convicciones firmes que les hagan ver a todos el poder del Dios que está en ti, para que, al igual que Daniel, Sadrac, Mesac y Abednego, seas hallado diez veces mejor en todo. Cada día tienes una oportunidad de ser fiel a Dios eligiendo hacer lo correcto y no ceder a la presión de grupo.

BITÁCORA DE LABORATORIO
¿En qué podemos comparar este pasaje con las situaciones que vivimos en nuestros días?

¿Sabías que Daniel tenía aproximadamente diecisiete años cuando fue llevado a Babilonia? ¿Cómo te sentirías si a esa edad te llevaran lejos de tu familia y de tu país? Es más, ¿cómo te sentirías si te llevaran a un país donde nadie habla tu idioma? Estoy seguro de que no es una posición muy fácil y que requiere de un esfuerzo intencional para poder mantenerse firme en un ambiente así.

Soportar bajo presión:
Material:
- Imagen de un buzo
- Imagen de un tanque de oxígeno para buzo.

Explicación:
El buzo se prepara con anticipación, mantiene el físico, trabaja la respiración, prepara el equipo, vestuario y su tanque de oxígeno porque sabe que cuando se lance al agua y baje a las profundidades, cada vez la presión del agua será mayor y la ausencia de oxígeno puede ser fatal. Por eso, desde mucho antes decide prepararse y entrenar para que cuando llegue el momento pueda soportar con éxito y pueda mantenerse con vida. Y aunque permanece bajo mucha presión disfruta de todo lo que ve porque está a salvo, está listo para ese momento.

Aplicación:
Así como con anticipación el buzo decide qué hará y qué no hará para estar listo para estar bajo la presión del agua, así mismo cada uno de nosotros debe decidir con anticipación en su corazón qué cosas nunca estará dispuesto a hacer por amor y obediencia a Dios.

Es más fácil vencer la tentación si desde antes tomamos decisiones en nuestro corazón. Debemos afirmar diariamente nuestras convicciones; así, en el momento en que llegue la tentación o seamos presionados, sabremos cómo respirar bajo presión sin dejar morir nuestra fe. Tu corazón es un tanque lleno de oxígeno listo para soportar la presión y las tentaciones que la vida trae cada día.

EPISODIO 5 DANIEL

Expediente # 1: Lo que comemos en casa

En los tiempos de Daniel la ciencia no estaba avanzada como ahora; en nuestros días, además de tener los mejores equipos médicos y de investigación, tenemos internet, donde todos aprendemos y descubrimos cosas cada día. Pero en los tiempos antiguos no se tenía el conocimiento sobre la limpieza y sobre los alimentos que tenemos ahora. Entonces Dios les dio un listado de animales que no debían comer, para protegerlos de enfermedades. Leamos la lista que aparece en Levítico 11. ¿Hay algo en tu familia que prefieren no comer para cuidar su salud?

> **¿Qué cosas no comen en casa?**
> Piensa en algo que tu familia no coma por costumbre o por indicación médica y luego contesta: ¿cómo te sentirías si de pronto fueras obligado a comer eso todos los días?

Expediente # 2: Lo que creemos en casa

Ahora bien, si Daniel y sus amigos decidieron no comer los alimentos del palacio del rey no fue porque querían mantenerse delgados o querían hacer dieta. La verdadera razón era que lo que comían y bebían era dedicado a ídolos, y al comerlos era como una forma de adorarlos. Esa fue la razón por la cual decidieron no comer. Y aunque la historia hace énfasis en el menú alimenticio del rey, la verdad es que Dios nos está hablando realmente de las convicciones claras de estos cuatro valientes muchachos. Pensemos entonces en la parte espiritual: ¿hay algunas costumbres espirituales que tu familia tiene que son diferentes a las de tus amigos?

> **¿Qué cosas no cambiarías?**
> Si hoy fueras llevado a algún país en Asia y tuvieras que vivir en medio de gente que no honra a Dios, ¿qué costumbres espirituales que aprendiste con tus padres estarías dispuesto a mantener y enseñar a tus hijos?

INVESTIGACIONES BÍBLICAS

Expediente # 3: Cuando nadie me mira

"Lo que hacemos cuando nadie nos mira es lo que define lo que verdaderamente somos". Es fácil orar o leer la Biblia cuando tenemos a nuestros padres repitiéndonos todos los días: "¿Ya oraste?, ¿ya leíste tu Biblia?". Pero todo lo que hacemos sin que nos lo tengan que decir, es lo que verdaderamente atesoramos. Vamos a ser honestos: ¿qué cosas espirituales te son difíciles hacer y cuáles tal vez no harías sin la presión de tus padres?

> **¿Qué haces a solas?**
> Piensa en un hábito espiritual que haces por presión de tus padres o algún líder espiritual. ¿Si estuvieras al otro lado del mundo y nadie conocido estuviera contigo, serías capaz de decidir no contaminarte y abandonar cualquier costumbre que no honre a Dios?

Preguntas para conversar:

1. ¿Cómo podemos ser fieles a Dios en un ambiente difícil o de mucha presión?

2. ¿De qué manera nos estamos preparando para enfrentar las cosas que nos ofrece el mundo hoy?

ARCHIVO DE EXPERIMENTOS
Manos a la obra

Mano Dame Cinco:

Explicación:
Prepara con anticipación una mano grande hecha en cartón con los cinco dedos que se puedan poner y quitar. Escribe en cada dedo una de las cinco cosas que mantuvieron el corazón de Daniel fiel a Dios:

1. Corazón decidido
2. Disciplina y carácter
3. Integridad
4. Lealtad
5. Valentía

Úsala para repasar con la clase estos cinco valiosos puntos y luego entrega a cada niño un molde más pequeño de la mano para que ellos hagan lo mismo (puedes utilizar el mismo molde que utilizamos en el Episodio de Josías). Luego elige a cinco niños que pasen al frente y te digan de memoria las cinco cosas que están aprendiendo de Daniel.

PIES DE AGENTE...
...siguiendo Sus pasos

Versículo para memorizar:

"Pero Daniel se propuso no contaminarse comiendo la comida y el vino que el rey les daba...".
Daniel 1:8a

Materiales:
- 1 botella de agua para cada alumno
- Marcadores y lápices de colores
- Tiras de papel para diseñar una etiqueta para la botella (una por cada alumno)

Preparación:
Usando la creatividad, marcadores, stickers, pintura, etc., anima a los chicos a decorar de manera llamativa la etiqueta que recibieron para la botella de agua. Motívales a la memorización del versículo y a meditar en aquellas cosas de las que ellos pueden decidir alejarse para agradar a Dios.

Aplicación:

Además de la comida, nuestros Agentes "D" decidieron no tomar vino sino solamente agua. Todo, con tal de agradar a Dios. Cada vez que tengas sed y veas tus opciones (gaseosas, jugos azucarados o bebidas energizantes), mejor elige agua, es más saludable para tu cuerpo y al cuidar tu cuerpo, que es templo del Espíritu de Dios, estaremos agradando a Dios.

Recuerda: esforcémonos cada día por agradar a Dios con nuestra manera de vivir.

Termina con una oración.

Material complementario:

AGENTES EN LA RED | MISIÓN MUNDIAL

DESCARGA EL MATERIAL COMPLEMENTARIO EN
WWW.E625.COM/LECCIONES

INVESTIGACIONES
BÍBLICAS
DEL ANTIGUO TESTAMENTO

EPISODIO 6
SADRAC, MESAC Y ABEDNEGO

AGENTES "D"

FACTOR "C"
Un dato científico, cultural o contextual

Vamos a recordar lo que vimos la semana pasada: el pueblo de Israel había sido sitiado por Babilonia mientras gobernaba el rey Joacim que, por cierto, era el hijo del rey Josías.

Nabucodonosor escogió jóvenes que se destacaban para que los entrenaran durante tres años en el conocimiento de la lengua, la cultura y la religión de Babilonia, para que luego pudieran estar en el palacio al servicio del rey.

Además, aprendimos que la meta era "culturizarlos" y convertirlos para que pensaran y hablaran como babilonios y no como judíos.

Lo primero que hicieron para "lavarles el cerebro", con una nueva programación cultural y espiritual, fue cambiarles el nombre. Pero eran bien intencionales en buscar los nombres ya que eran derivados de los nombres de sus dioses. Mira la diferencia entre los nombres hebreos y los babilonios:

DANIEL
"Daniel" significaba: "Dios es mi juez" y fue llamado "Beltsasar" que significaba "Bel protege al Rey".

ANANÍAS
"Ananías" significaba: "la gracia del Señor" y fue llamado "Sadrac" que significaba "Mandato de Aku".

MISAEL
"Misael" significaba: "¿Quién como el Señor?" y fue llamado "Mesac" que significaba "¿Quién es lo que Ak es?"

INVESTIGACIONES BÍBLICAS

DEL ANTIGUO TESTAMENTO

AZARÍAS

"Azarías" significaba "Dios es mi ayudador" y fue llamado "Abednego" que significaba "Siervo de Nego".

Definitivamente querían cambiar su manera de pensar, su cultura y sus hábitos de adoración.

En la historia que veremos en Daniel capítulo 3, no se hace mención de Daniel, y tal vez te estés preguntando dónde se encontraba. Ciertamente la Biblia no señala nada en absoluto acerca de dónde estaba Daniel en este momento, tampoco nos dice que se hubiese postrado ante la imagen para librarse de ese castigo; es posible que Daniel estuviera en una misión diplomática en otras tierras. Recordemos que él era gobernador de toda la provincia de Babilonia y jefe de todos los sabios; era jefe de los gobernadores que estaban en todas las naciones o ciudades que el rey había conquistado. ¡Imagínate! Daniel tenía un rango tan importante como el de un primer ministro o secretario de un país poderoso de hoy. De seguro estaba ocupado mientras estas cosas estaban pasando y si él hubiera estado presente hubiera actuado igual que sus amigos Sadrac, Mesac y Abednego.

Esto nos muestra la importancia de rodearnos de buenos amigos y de amigos que estén dispuestos a defender sus principios, convicciones y fe hasta las últimas consecuencias.

Pregunta a la clase:
¿Tienes un amigo que es en verdad un buen amigo, que comparte tu misma fe y tiene en su corazón amor por Dios y Su Palabra?
Si tal vez en este momento de tu vida no tienes un amigo que comparta tu fe, hoy podemos orar por esto.

Sabes que Dios es nuestro proveedor y él es fiel para darnos todo lo que necesitamos. Por eso oremos cada día para que Él te provea de buenos amigos que compartan tu fe y sean valiente como tú para estar siempre del lado de lo correcto y mantenerse fiel a Dios y Su Palabra, aunque la mayoría no lo haga. En estos tan emocionantes y poderosos treinta versículos que tiene el capítulo 3 de Daniel, vemos que Nabucodonosor —en su arrogancia— mandó construir una estatua de él mismo de casi treinta metros de alto por tres de ancho cubierta de oro, para que lo adoraran.

Recordemos que en esta cultura y en esa época adorar estatuas era algo normal y todos lo hacían sin ningún problema.

El rey se aseguró de traer a todas las personas con posición de influencia y liderazgo de su reino. Nuevamente recordemos que cuando los babilonios conquistaban no aniquilaban a las personas de los reinos, sino que las traían para su servicio, su ejército y demás. Por eso en ese día había gente de muchas naciones y de muchas religiones. Lo más probable es que muchos en verdad no quisieran adorar esa estatua, pero traicionaron sus creencias por el miedo al horno de fuego con el que el rey amenazaba a los que no quisieran adorarlo, y sin dudar se arrodillaron a adorarla.

Sin embargo, Sadrac, Mesac y Abednego se negaron a hacerlo y el rey al ver que ellos no querían adorarlo mandó a calentar el horno siete veces más de lo normal para asegurarse de eliminar a esos tres judíos.

Me impresiona grandemente la determinación de estos tres amigos. Sin titubear dijeron:

> *"No hace falta que nos defendamos ante Su Majestad. Si somos arrojados al horno de fuego ardiente, el Dios a quien servimos puede librarnos del horno y de cualquier otro castigo que Su Majestad nos imponga. Y aunque no lo hiciera, Su Majestad debe entender que nunca honraremos a sus dioses ni rendiremos homenaje a su estatua".*
> *Daniel 3:16-18*

INVESTIGACIONES BÍBLICAS

ESPACIO "D"
Nuestra sección para jugar con propósito

Materiales:
- Acceso a internet para investigar significados
- Tarjetas de colores
- Marcadores

Preparación:
Una o dos semanas antes de que enseñes esta clase, anota los nombres de tus alumnos y busca el significado de cada uno.

Toma tiempo para hacer una tarjeta por alumno: de un lado escribe su nombre en grande y en la parte de atrás escribe lo que significa y un versículo que quieras compartirle según el significado de su nombre. (Es importante que sepas que algunos padres no se detienen a pensar en esto, de manera que si encuentras un nombre con un significado que no sea positivo, tal vez sea una oportunidad para declarar algo positivo y de afirmación sobre este niño).

Desarrollo:
Coloca las tarjetas sobre una mesa con el significado hacia arriba y permite que de manera ordenada vayan pasando todos los chicos para leer las tarjetas: deben intentar encontrar cuál significado le pertenece a su nombre. Cuando lo encuentren dile a cada uno: "Eres importante para Dios", e invítalo a leerlo en voz alta a toda la clase. (NOTA: ten tarjetas en blanco por si hay chicos nuevos).

Material: Sopa de letras

DESCARGA EL MATERIAL COMPLEMENTARIO EN
WWW.E625.COM/LECCIONES

EXPEDIENTES
Cápsula de sabiduría para el maestro

Programa "Montaña Rusa".
La clave para mantener a los niños conectados es evitar los momentos quietos prolongados; alterna momentos quietos y momentos en movimiento. Así es una Montaña Rusa: inicia con un momento tranquilo cuando el carrito está subiendo, pero luego baja a toda velocidad, dándote vueltas de 360 grados, y cuando te das cuenta vuelves a estar en otro momento tranquilo. Haz que tu clase combine momentos de acción y momentos de tranquilidad, esto te ayudará a mantener la atención de todos los chicos, con sus diferentes estilos de aprendizaje.

MANUAL DEL AGENTE
Nuestro pasaje bíblico

Cabina de Fuego:

Materiales:
- 3 cartones (1 grande y 2 medianos)
- Tijeras, cortador y marcadores
- Pelucas y accesorios para obra de teatro
- Corona, cetro y capa de rey
- Instrumento musical

Preparación:
Con los cartones, fabrica cuatro escenas con las que contarás la historia:

Escena 1: En el cartón grande (si es posible el doble de grande que los otros), dibuja la estatua de oro que debían adorar, pero en el lugar de la cara corta un círculo para que el maestro pueda colocar su rostro en el cartón y darle un carácter chistoso al relato.

Escena 2: Dibuja a Sadrac, Mesac y Abednego y corta también círculos en la parte de las caras. Hazlo a una altura en la que los actores necesiten arrodillarse para poner sus rostros en los tres personajes.

Escena 3: Dibuja una silueta con apariencia de un ángel. Recuerda siempre hacer un circulo en la parte del rostro.

Escena 4: Utiliza la figura de la escena 2, de Sadrac Mesac y Abednego, junto con el que representa al rey (un maestro o alumno disfrazado con los artículos que trajiste).

Recomendamos que estudies todo el capítulo 2 y 3 de Daniel antes de relatar la lección. A continuación, presentamos algunos versículos que debes incluir en tu relato:

Historia: "El horno en llamas"

ESCENA #1
Introducción: Maestro – narrador:
El rey de Babilonia quería que lo adoraran a él y por eso mandó a construir una estatua de él mismo. (Viste y presenta a tu rey con los artículos que trajiste y luego inicia la historia).
Lee Daniel 3:1-3.
Cartón #1: escoge a un maestro que pueda pararse detrás del cartón #1 que es la estatua de oro.

ESCENA #2
Entrega a la clase instrumentos musicales que podrán hacer sonar cuando le des la indicación.
Lee Daniel 3:4-6.
(Que suenen los instrumentos, y se inclinen fingiendo adorar).

Lee Daniel 3:8-12.

Cartón #2: escoge a tres chicos que puedan pararse detrás del cartón #2 donde están nuestros tres Agentes "D" Sadrac, Mesac y Abednego, ubicando sus caras en los agujeros.

Lee Daniel 3:16-23.

ESCENA #3

Lee Daniel 3:24-26a.

Cartón #3: escoge a otro niño que se pare detrás de la silueta con apariencia de ángel.

ESCENA #4

Lee Daniel 3:26b-30.

Cartón #4: pide a los tres estudiantes que están detrás del cartón de Sadrac, Mesac y Abednego que se muevan acercándose al rey que viene a abrazarlos y a olerlos.

Cierre:

En esta historia nuestros Agentes "D" fueron **Sadrac, Mesac y Abednego**, y esto es lo que nos enseñan:

1-Que no debemos tener miedo de defender nuestra fe en Dios.
2-Que siempre veremos a Dios pelear por nosotros cuando mantenemos nuestra fe y somos fieles y pacientes, aun si nos suceden cosas malas.
3-Que honraron a Dios en su vida privada y pública y fueron íntegros.
4-Que, al honrar al Señor, Dios les honró y les dio más influencia.
5-Que siempre que defendamos el bien, el nombre del Señor será conocido por todos.

INVESTIGACIONES BÍBLICAS

DEL ANTIGUO TESTAMENTO

BITÁCORA DE LABORATORIO

¿En qué podemos comparar este pasaje con las situaciones que vivimos en nuestros días?

Vivimos en tiempos en lo que la gente adora muchas cosas: adoran a un artista, al dinero, a la fama o literalmente a otros dioses. Sadrac, Mesac y Abednego nos demostraron que, si desarrollamos convicciones firmes y sólidas, podremos vivir una vida que agrade al Señor, y no nos doblegaremos ante las presiones del mundo.

Esto es lo que marcó la diferencia entre estos tres jóvenes y el resto de la gente: ellos tenían convicciones sólidas.

¿Sabes que significa la palabra convicción?

Es la **seguridad** que se tiene de la verdad, la **certeza** de lo que se piensa y se cree.

Como a veces no tenemos claro este tema de las convicciones, por temor podemos llegar a rendir nuestra fe ante las presiones sociales o culturales.

Expediente # 1: Como familia ¿tenemos convicciones firmes?

Esta es una pregunta muy importante; tal vez nunca has conversado con tus padres y hermanos sobre cuáles con sus verdaderas convicciones.
Por ejemplo:
1. Tenemos convicción plena de que sólo existe un Dios verdadero y que está formado por tres personas en una.

> Haz con tus padres una lista de cinco cosas de las cuales ustedes como familia están plenamente convencidos, que son su fundamento seguro de fe y que por nada del mundo negarían, aunque todos en tu ciudad lo hicieran.

2. Tenemos la firme convicción de que Dios nos creó hombre y mujer y que sólo existen —en manera natural y correcta— dos géneros y no podemos humanamente alterarlos o cambiarlos. Amamos la forma en que Dios nos creó. Estos son solo ejemplos que te pueden ayudar en la lista que debes hacer en casa.

Trae tu lista de convicciones la próxima semana y compartiremos algunas de estas valiosas determinaciones.

Expediente # 2: ¿Ante qué me arrodillo yo?

El tiempo y atención que doy a las cosas que más me apasionan muestran en dónde está puesto mi corazón, o si tal vez algunas de mis cosas o actividades han tomado el lugar de Dios. Son como pequeños ídolos ante los cuales me arrodillo. No está mal desarrollar tus habilidades y actividades que te apasionan, eso es algo bueno; lo malo es que si no mantienes un equilibrio estas cosas pueden robar toda tu atención y energía y puedes terminar dejando de buscar a Dios.

También puede pasar que por amar tanto algunas cosas o personas no nos importe traicionar nuestra fe o nos avergüence defender lo que creemos y prefiramos hacer lo que todos hacen por temor. ¿Sabes que Sadrac Mesac y Abednego al ser tan valientes al defender a su Dios y honrarlo lograron que otros quisieran servir también a ese Dios?

> **¿Ante qué me arrodillo yo?**
> De las cosas que has hecho que hablan bien de Dios a las personas alrededor de ti, ¿cuáles son aquellas actividades que has hecho para buscar testificar sin temor a otros de lo que tú crees y piensas de Dios? ¿Hasta dónde estarías dispuesto a ir para defender tu fe en medio de una multitud que no cree en Dios?

INVESTIGACIONES BÍBLICAS

DEL ANTIGUO TESTAMENTO

Nota: el maestro debe preparar un rompecabezas de la letra T. Puede hacerlo en cartón o imprimir una letra T en papel y cortarla en forma de piezas de rompecabezas.

Tomaremos un tiempo con la clase para armar este rompecabezas, ayúdenme. Muy bien, es la letra "T" porque hablaremos de testimonio.

Cuando somos fieles a nuestra fe y honramos a Dios damos buen "testimonio" de lo que predicamos. Sadrac, Mesac y Abednego fueron de testimonio a todos y tú y yo debemos pensar de la misma manera: antes de hacer las cosas debo pensar si esto dará buen testimonio de Dios y de mi fe. Piensa en las cosas que has hecho los últimos diez días: ¿qué cosas has hecho para cuidar tu testimonio? (Escucha respuestas) Sin duda esta historia nos muestra tres Agentes "D" ejemplares:
Sabes que Filipenses 4:8-9 nos da una referencia de como tú y yo podemos ser personas ejemplares:

> "… piensen en todo lo que es verdadero, todo lo que es respetable, todo lo justo, todo lo puro, todo lo amable, todo lo que es digno de admiración; piensen en todo lo que se reconoce como virtud o que merezca elogio. Practiquen lo que han aprendido, recibido y oído de mí, y lo que han visto en mí. Y obrando así, el Dios de paz estará con ustedes."

Superagentes: tenemos la misión de memorizar este versículo de Filipenses para que tú y yo seamos niños y jóvenes ejemplares.

Sin duda Sadrac, Mesac y Abednego nos dejan claras enseñanzas:
1. Pasar tiempo con Dios y estudiar la Palabra te permitirá no solo crecer en conocimiento sino adquirir "sabiduría" y un joven con sabiduría siempre tendrá el favor de Dios y de los hombres. (Proverbios 3:4).
2. Los que dedican tiempo para crecer en su formación a solas con

EPISODIO 6 SADRAC, MESAC Y ABEDNEGO

Dios, llegan más lejos que los demás y serán testimonio a muchos por su manera de vivir.

3. Buscar a Dios no garantiza que no tendremos problemas, pero sí garantiza que Él siempre estará con nosotros para librarnos, aun de las llamas de fuego más poderosas.

ARCHIVO DE EXPERIMENTOS
Manos a la obra

Juego de Memoria

Materiales:
- 14 tarjetas en blanco para cada niño
- Dibujos guía de horno de fuego, rey, Sadrac, Mesac y Abednego, legumbres, estatua, instrumentos
- Marcadores y lápices
- Stickers (si te es posible podrías tener stickers de las figuras para cada niño)
- Bolsas pequeñas con cierre zip-lock o sobres para cada niño

Explicación:
Cada niño recibirá catorce tarjetas en blanco y, siguiendo los dibujos guía que el maestro les mostrará, creará su propio juego de tarjetas de memoria dibujando dos veces cada figura sugerida. Así, al finalizar la clase todos podrán divertirse jugando y también podrán llevarlo a su casa y usarlo como una manera de contar a otros la historia mientras descubren las parejas.
Entrega a cada alumno un sobre o bolsa para que guarden sus tarjetas.

PIES DE AGENTE...
...siguiendo Sus pasos

Versículo para memorizar:

INVESTIGACIONES BÍBLICAS

DEL ANTIGUO TESTAMENTO

> *"Pero aun si nuestro Dios no lo hace así, sepa usted que no honraremos a sus dioses ni adoraremos a su estatua".*
> *Daniel 3:18 NVI*

Materiales:

-Set de 3 tarjetas, cada set de un color diferente en donde esté impreso el versículo en tres partes:

Tarjeta#1: "Pero aun si nuestro Dios no lo hace así,

Tarjeta#2: sepa usted que no honraremos a sus dioses

Tarjeta #3: ni adoraremos a su estatua." Daniel 3:18

Explicación:

Esconde las tarjetas en el salón o en la parte de afuera del mismo, asegurándote de definir pistas para que ellos las encuentren. Luego divide la clase en dos grupos, asigna un color a cada uno y pide que sólo encuentren y reúnan las tarjetas de su color. Premia al grupo que lo logre primero y luego pide que los grupos lean en voz alta el versículo completo para ver qué grupo lo dice más fuerte. Luego explica que ese versículo fue una declaración de fe muy valiente que no todos haríamos por miedo a morir. Pero cuando somos testigos de Dios y queremos agradarle, Él nos da la fuerza para estar firmes aun en los momentos más difíciles para poder salir victoriosos. Finalmente puedes dar una tarjeta con el versículo completo a cada alumno. Termina con una oración por tu clase.

Material complementario:

AGENTES EN LA RED | MISIÓN MUNDIAL

DESCARGA EL MATERIAL COMPLEMENTARIO EN
WWW.E625.COM/LECCIONES

EPISODIO 7
DÉBORA

AGENTES "D"

FACTOR "C"
Un dato científico, cultural o contextual

Después de la conquista y repartición de la tierra prometida, el Señor levantó jueces para defender y dirigir al pueblo de Israel. Los primeros jueces fueron Otoniel, Aod y Samgar y en cuarto lugar le correspondió a Débora quien — junto a Barac— logró derrotar al ejército de Jabín comandado por Sísara.

Esta emocionante historia se encuentra en Jueces capítulo 4.

Primer dato curioso:
El primer dato que sobresale en este capítulo es que Sísara tenía un ejército de novecientos carros de hierro, dato que hoy en día no nos preocuparía ya que una bomba o un proyectil podría destruirlos con sólo oprimir un botón. Pero en los tiempos antiguos, donde solo se contaba con flechas, espadas y lanzas, no podían hacer mucho frente a novecientos carros de hierro. Posiblemente con brea y fuego podrían detener un par de carros, pero los demás aplastarían a cualquier ejército. A Israel le tomó veinte años doblegar su orgullo, reconocer que necesitaban del Señor, pedir perdón y esperar que un nuevo juez los rescatara.

Segundo dato curioso:
El segundo dato importante es que Débora fue la única mujer que Dios escogió para ser parte de los jueces de Israel: todos los demás fueron hombres. ¿Qué significa la palabra "juez"?

Se les llamaron "jueces" a esos siervos de Dios que trajeron libertad y que condujeron al pueblo de Israel luego de la muerte de Josué y hasta antes del gobierno de Saúl. Su función fue gobernar, juzgar, libertar y salvar. En medio del orden social y civil de la época, donde la norma era que los hombres fueran los dirigentes, llama mucho la atención que Dios nombrara a una mujer, quien no solo juzgó sobre Israel, sino que también era profetisa.

INVESTIGACIONES BÍBLICAS

("Profeta" significa, en griego, "el que habla en nombre de" y ella hablaba a su pueblo en nombre de Dios).

¿Quién era Débora y por qué la eligieron a ella?

Débora fue una mujer valiente y una líder sobresaliente por su sabiduría y capacidad de mediar, aconsejar y ser estratégica en la toma de decisiones. Definitivamente su notable relación con Dios la llevó a una posición única en la historia de Israel. Ella mantuvo su corazón libre de la ambición de poder; era una mujer que en verdad amaba a Dios y deseaba servirle. Fue una mujer que se dejó guiar por la voz de Dios, no trató de hacer las cosas a su manera o de imponerse de forma imprudente. Ella nos muestra el perfecto balance del líder que busca a Dios, cuida del pueblo y alimenta su relación con Dios. Fue sin duda una líder llena de sabiduría puesta como juez de Israel en un momento y época clave para el plan de Dios.

Los jueces de la época tenían su centro de reuniones en "la puerta de la ciudad", lugar donde se tomaban las decisiones importantes y se realizaban los negocios; allí también se sentaban los ancianos y los sabios. Pero Débora no se reunía allí con la gente; esto pudo ser por un factor cultural o pudo ser algo intencional. Ella escogió un sitio apartado del bullicio y del trajín de la ciudad, prefirió un lugar donde pudiera desconectarse de todo y enfocarse en Dios y eligió sentarse bajo una palmera... ¡Guau! ¡Imagínate esa búsqueda! Débora manejó su vida con sencillez, entendiendo en todo tiempo que era una vocera de Dios para el pueblo y Dios no sólo le dio sabiduría para guiarlo —pues todos acudían a la "Palmera de Débora" para pedir consejo—, sino que un buen día, Dios le dio un plan a para liberar al pueblo de la opresión.

Veamos Jueces 4:6-7 NVI:

"Débora mandó llamar a Barac hijo de Abinoán, que vivía en Cedes de Neftalí, y le dijo: —El Señor, el Dios de Israel, ordena: "Ve y reúne en el monte Tabor a diez mil hombres de la tribu de Neftalí y de la tribu de Zabulón. Yo atraeré a Sísara, jefe del ejército de Jabín, con sus carros y sus tropas, hasta el arroyo Quisón. Allí lo entregaré en tus manos".

Culturalmente en el medio oriente, las mujeres y los niños no son tenidos en alta estima como los hombres, es sorprendente entonces que Dios escogiera romper con esos patrones culturales. Observemos cómo Dios habla a todo aquel que esté dispuesto a apartarse de todo para enfocarse en Él y escuchar con atención lo que le quiera decir.

Por eso es tan importante entender que quien se aparta para oír a Dios, caminará con su respaldo y verá cosas poderosas obrando a su favor.

Sin querer arruinar la emoción de la historia, descubramos en Jueces 5 las cuatro cosas sobrenaturales que Dios hizo para destruir los novecientos carros de hierro:

1- El Señor marchó por los campos, tembló la tierra. (5:4)
2- Hubo lluvias torrenciales. (5:4)
3- ¡Hasta las estrellas del cielo lucharon contra Sísara! (5:20)
4- El río Quisón arrasó con ellos. (5:21)

Entremos pues en esta historia tan sorprendente donde estudiaremos a Débora y Barac, nuestros Agentes "D".

Misterios por resolver:
Dios hizo cosas sorprendentes para rescatar a Su pueblo, pero la obediencia y las acciones de nuestros Agentes "D" son clave para ver el poder de Dios entrar en acción:

¿En qué lugar solía sentarse Débora?

INVESTIGACIONES BÍBLICAS

DEL ANTIGUO TESTAMENTO

¿Dónde estaba Débora cuando recibió la Palabra de Dios?
¿Era posible o imposible derrotar a novecientos carros de hierro?
¿Quiénes fueron nuestros Agentes "D" de esta época?
¿Podemos aprender algo hoy de esta historia?

Esto es lo que investigaremos, pero antes vamos a nuestro Espacio "D".

ESPACIO "D"
Nuestra sección para jugar con propósito

Juego #1: Armando la palmera de Débora

Materiales:
- 2 bases firmes (1 para cada equipo)
- 2 rollos de papel craft o color café (1 para cada equipo)
- 24 hojas de palma cortadas en papel verde (12 para cada equipo)
- 10 globos color café para representar cocos (5 para cada equipo)

Explicación:
Divide la clase en dos equipos (Equipo Barac: niños, Equipo Débora: niñas). Entrega a cada equipo un set de los materiales y explícales que el juego consiste en ver qué equipo construye la mejor "Palmera de Débora". Tendremos un tiempo asignado y el equipo que lo haga mejor será el ganador. Deben forrar la base con el papel café simulando el tronco, luego deben pegar o asegurar las palmas una a la otra para formar la parte de arriba de la palmera. Y por último deben inflar los globos y simular que son los cocos de la palmera.

Nota: La palmera ganadora se usará para contar la historia. El maestro se sentará bajo la palmera al contar la historia bíblica y los niños estarán alrededor para escuchar y aprender.

Juego #2: Bandera de Débora:

Materiales:
- 2 pliegos de cartulina
- 2 palos firmes
- 2 sets de las letras del nombre DÉBORA
- 2 pegamentos
- 2 marcadores negros

Explicación:
Divide la clase en dos equipos y entrega a cada uno un set de materiales. Explícales que aún no han oído toda la historia de Débora, pero en base a lo que han escuchado hasta ahora, cada equipo debe pegar las letras del nombre Débora en el pliego de cartulina y luego entre todos deben inventar con cada letra del nombre una cualidad o virtud de esa mujer que fue parte del equipo de jueces de Israel. Luego deberán escribirlas en la cartulina del nombre de Débora y pegarla sobre el palo a manera de bandera.

Material: Sopa de letras

INVESTIGACIONES BÍBLICAS
DEL ANTIGUO TESTAMENTO

EXPEDIENTES
Cápsula de sabiduría para el maestro

La Biblia dice en Mateo 18:3 que tenemos que ser como niños si queremos ver el reino de Dios, y definitivamente no nos dice esto para que actuemos de manera inmadura sino para que tengamos el corazón humilde, confiado y libre de rivalidad que ellos tienen. Caminemos en humildad mientras enseñamos a los niños, permanezcamos sin rivalidad, haciendo las cosas en amor y con el único interés de llevar la Palabra al corazón de los más pequeños del Reino. Tenemos una misión generacional: estamos pasando la fe a la generación que nos sigue de cerca. No solo se trata de dar una clase, recuerda que estas depositando semillas de fe y vida en los corazones de tus alumnos.

MANUAL DEL AGENTE
Nuestro pasaje bíblico

Ideas para el relato:

Materiales:
- Accesorios para una obra de teatro (pelucas, lentes, binoculares, etc.)
- Vestuario para Débora y Barac
- Objeto para identificar un temblor (algo que simule ser una aguja de sismógrafo)
- Objeto para identificar lluvias torrenciales (palo de lluvia)
- Objeto para identificar las estrellas del cielo (telescopio)
- Objeto para identificar un río (barco de papel)

Explicación:
Haremos lo que llamaremos "Drama del Momento". Improvisa el escenario, usa los materiales que llevaste y con ayuda de tus

EPISODIO 7 DÉBORA

alumnos recrea la historia en tu clase. Recuerda usar la palmera del juego como parte de la historia. Te recomendamos que hagas una lectura completa de la historia de Débora y Barac en Jueces 4 y 5. A continuación presentamos únicamente algunos pasajes para resaltar en el relato:

Débora y Barac jueces de Israel

Escena #1
Lee Jueces 4:1-3
El maestro entra con la palmera y comienza explicando la situación de Israel en ese momento.

Escena #2
Lee Jueces 4:4-5
Escoge a quien será "Débora" y haz que se siente bajo la palmera.

Escena #3
Lee Jueces 4:6-7
Puedes darle un teléfono a Débora para entregar el mensaje a Barac.

Escena #4
jueces 5

Utiliza los objetos que representan cada milagro y escoge un voluntario que sostenga y mueva el objeto cada vez que hables de lo que Dios hizo. El pueblo experimentó cuatro milagros para derrotar a Sísara y a sus novecientos carros de hierro. Veámoslos nuevamente:
El Señor marchó por los campos, tembló la tierra, (v.4)
Envió lluvias torrenciales (v.4)
¡Hasta las estrellas del cielo lucharon contra Sísara! (v.20])
El río Quisón arrasó con ellos. (v.21)

INVESTIGACIONES BÍBLICAS

Escena #5

Jueces 5

La historia termina con el capítulo 5 como una canción, donde alaban al Señor por la victoria sobrenatural que les dio.

Reparte instrumentos o pon música de alguna alabanza conocida por los niños y terminen cantando una canción a Dios.

Cierre:

En esta historia nuestros Agentes "D" fueron Débora y Barac, porque siguieron la voz de Dios:

1-Obedecieron la instrucción de Dios sin cuestionar.

2-Dios les dio un plan de guerra que ellos y su ejército siguieron al pie de la letra.

3.-Al obedecer y creer Dios les dio una victoria sobrenatural.

Tu misión, si decides aceptarla, es buscar imitar las buenas virtudes de Débora. Lee en voz alta lo que han escrito en las banderas de cartulina y completa tú el mensaje con este acrónimo:

Diligente

Estratega

Bondadosa

Obediente

Responsable

Asesora

EPISODIO 7 DÉBORA

BITÁCORA DE LABORATORIO
¿En qué podemos comparar este pasaje con las situaciones que vivimos en nuestros días?

Débora escogió apartarse a un lugar donde pudo enfocarse en Dios y escuchar Su voz. Como resultado, Dios le reveló un plan para que después de veinte años en esclavitud, Su pueblo fuera liberado.

Expediente #1: Tu fugar favorito
Vivimos en tiempos muy ocupados y apresurados en los cuales no es fácil realmente apartarse del movimiento y de la tecnología para poder enfocarse en oír la voz de Dios. La mayoría de las personas hablan con Dios cuando van manejando, cuando comen o mientras realizan sus actividades deportivas, pero lo maravilloso del Señor es que Él quiere que apartemos tiempo solo para Él. En el salmo 27:8 David lo expresa de la siguiente manera:

Mi corazón te oyó decir: "ven y conversa conmigo"
Y mi corazón responde: "Ya voy Señor".

¿Qué haces para tener tu tiempo devocional? (Escucha respuestas). Hoy en día la mayor parte de los niños y jóvenes están sobresaturados de actividad cibernética y les es poco importante o difícil parar y apartarse para enfocarse en Dios.

Piensa en un lugar
Recuerda a nuestra Agente "D" de hoy. Ella eligió un lugar "bajo la palmera". Aunque nadie más estaba ahí ese era su lugar para conectarse con Dios. ¿Cuál sería ese lugar que te permitiría estar tranquilo y enfocarte en Dios? ¿Cuántas veces a la semana crees que sería valioso ir a ese lugar??

INVESTIGACIONES BÍBLICAS

DEL ANTIGUO TESTAMENTO

Expediente # 2: ¿Qué recuerdas?

Si alguien te preguntara qué fue lo último que te dijo Dios, ¿podrías recordarlo? Una idea sencilla pero útil es tener un cuaderno en donde puedas anotar una idea, una canción, un versículo, un dibujo o cualquier cosa que te recuerde lo que Dios te dijo en tu tiempo a solas con Él.

> **¿Qué recuerdas?**
> Piensa por un momento lo último que escuchaste de parte de Dios, ya sea a través de una canción, de un versículo, de una enseñanza, etc. ¿Qué fue lo último que te dijo Dios?

Invita a algunos niños a compartir sus respuestas en voz alta a la clase. Sin duda esta historia nos muestra algunas prácticas importantes que nos enseñó nuestra Agente Débora:

1. Débora buscaba a Dios con constancia y disciplina.
2. En esa búsqueda recibía sabiduría para guiar al pueblo.
3. Estando a solas con Dios recibió la estrategia para liberar a Israel.
4. Y, por último, obedeció cada instrucción que Dios le dio y como resultado recibieron manifestaciones sobrenaturales como respaldo de Él.

ARCHIVO DE EXPERIMENTOS
Manos a la obra

Diario de oración

Materiales:
- Hojas blancas tamaño media carta perforadas al costado izquierdo
- Cuerda o cordón
- Hoja de cartulina o cartón
- Papel de diferentes tonos de verdes y café
- Pegamento.

Explicación:
Durante la clase los niños atarán las hojas con la cuerda o cordón fabricando así una libreta o diario de oración. En la cubierta tendrá la hoja de cartulina o cartón más resistente. En esta libreta ellos podrán escribir lo que le dicen a Dios y también lo que oyen de parte de Él cuando leen Su Palabra. En la cubierta de cartulina o cartón los chicos deben construir en 3D con papel verde y café la palmera que nos recuerda el lugar apartado para oír a Dios. También puedes animar a los chicos a escribir un título en la cubierta de la libreta como "Diario de Oración" o el versículo que van a memorizar hoy.

PIES DE AGENTE...
...siguiendo Sus pasos

Versículo para memorizar:

> *"Débora acostumbraba sentarse bajo una palmera (conocida como «la palmera de Débora»)".*
> *Jueces 4:5 DHH*

Preparación:
Si las instalaciones lo permiten, planea una caminata con tu grupo para salir y sentarse bajo un árbol o literalmente bajo una palmera. Si no puedes salir, crea un ambiente agradable en tu clase con almohadones o cojines en el suelo y propicia un ambiente para tener un momento diferente.

Explicación:
Intenta llevar a los niños a pensar en la experiencia de sentarse alejado, esperando oír la voz de Dios en soledad. Estar solo para algunos puede ser incómodo o atemorizante, pero aprender a estar a solas con Dios es maravilloso. Un Agente "D" sabe el valor de estar a solas con Dios. Haz un minuto de silencio donde la clase experimente la quietud y el silencio que nos permite escuchar

el sonido del ambiente que nos rodea. Al terminar el minuto, entrégales el versículo para que juntos lo lean y lo memoricen. Termina compartiendo un helado o bebida refrescante con los chicos antes de volver al salón o cambiar a otro ambiente.

Material extra:

AGENTES EN LA RED | MISIÓN MUNDIAL

DESCARGA EL MATERIAL COMPLEMENTARIO EN
WWW.E625.COM/LECCIONES

EPISODIO 8
JOB

AGENTES "D"

FACTOR "C"
Un dato científico, cultural o contextual

La historia de Job es una de las historias más impresionantes de la Biblia, en donde la fe e integridad de una persona son puestas a prueba hasta el extremo. Pero lo más impactante de la historia de Job es la manera tan especial como Dios se refiere a él: "… un hombre llamado Job, hombre bueno que temía a Dios y se abstenía de lo malo". (1:1).

Job era un hombre rico, con mucho ganado y muchos siervos. Además, tenía siete hijos y tres hijas. Los hijos hacían un banquete cada día e invitaban a sus hermanas para venir a celebrar con ellos. Entonces Job, cuando terminaba un ciclo de banquetes, se aseguraba de que se purificaran y ofrecía un holocausto por cada uno de ellos pensando: "Quizás mis hijos hayan pecado y en su corazón se hayan alejado de Dios". (1:5b). Esa era su costumbre cotidiana. Dios se sentía orgulloso de su hijo Job. En una ocasión en la que Satanás se acerca a Su presencia, comienzan a conversar sobre la vida de Job y el Señor resalta que era un hombre recto e intachable, que temía a Dios y vivía apartado del mal.

Satanás le dice que Job es fiel solo porque le había dado toda clase de bendiciones y que, si se las quitara, seguramente lo maldeciría. Y aquí es donde empieza la prueba para Job: Dios le da permiso a Satanás para que le quite todo lo que tiene, pero sin tocar su vida. Es así que, en menos de veinticuatro horas, la vida de Job cambia para siempre: pierde a sus diez hijos, a todos sus siervos y a todo su ganado.

La segunda prueba sucede cuando Dios permite que Satanás toque la salud de Job y aun su esposa lo reprende:

INVESTIGACIONES BÍBLICAS

DEL ANTIGUO TESTAMENTO

> *"Su esposa le reprochó:*
> *—¿Todavía mantienes firme tu integridad?*
> *¡Maldice a Dios y muérete!".*
> *(2:9 NVI)*

A pesar de eso y de las críticas de sus amigos, Job mantiene su relación con Dios fuerte y viva. Vamos a sumergirnos es esta emocionante historia de fe probada por el fuego y veremos cómo es posible mantenerse firme aun en momentos de desesperación.

Misterios por resolver:

Si nuestro Agente "D", Job, era un hombre recto e intachable, que temía a Dios y vivía apartado del mal:

¿Por qué le pasó todo esto?
¿Puede pasarle cosas malas a gente buena?
¿Es correcto decir que todo el que tiene problemas tiene pecado?
¿Dios castiga a sus hijos?

Esto es lo que investigaremos hoy, pero antes vamos a nuestro Espacio "D".

ESPACIO "D"
Nuestra sección para jugar con propósito

Juego: ¿Quién dirige la orquesta?

Materiales: Ninguno.

Explicación:

El juego consiste en que un "jugador elegido" sale del salón. Una vez que está afuera, designas a otro chico como el "director de la orquesta" y le pides al primero que vuelva a entrar.

El "director" estará pendiente del "jugador elegido" y sin que éste se dé cuenta deberá hacer diferentes sonidos y ritmos (palmas, chasquidos, zapateos, etc.) para que el resto de la clase lo siga. Cada cierto tiempo el "director" cambia de ritmo y toda la orquesta debe seguirlo rápidamente para que no descubran quién es el "director". El "jugador elegido" tendrá tres oportunidades para descubrir al "director". Si no lo descubre, se puede revelar quién era y se da oportunidad a un nuevo "jugador elegido", o el que no adivinó puede ahora ser el que dirige la orquesta.

Material: Sopa de letras

DESCARGA EL MATERIAL COMPLEMENTARIO EN
WWW.E625.COM/LECCIONES

INVESTIGACIONES
BÍBLICAS
DEL ANTIGUO TESTAMENTO

EXPEDIENTES
Cápsula de sabiduría para el maestro

Como maestros tenemos la oportunidad de dar vida a nuestros niños a través de nuestras palabras y declaraciones. Dios nos ha dado un instrumento para declarar bendición y hablar vida.

Nuestros niños necesitan oír declaraciones positivas sobre sus vidas. ¿Sabías que por cada palabra o comentario negativo lanzado sobre un niño es necesario darle seis palabras de aprobaciones para borrar el efecto negativo? Esto quiere decir que si un niño recibe una declaración negativa sobre su vida es necesario que otra persona decida bendecirlo seis veces para enmendar el daño causado por las palabras de muerte.

Recuerda que como maestro tal vez seas la única persona que hable vida sobre tus alumnos hoy. Proverbios 18:21 dice que *"la lengua tiene poder para vida o para muerte"*.

INVESTIGACIONES BÍBLICAS

MANUAL DEL AGENTE
Nuestro pasaje bíblico

El libro de Job contiene grandes y profundas enseñanzas que vamos a simplificar para ponerlas al alcance de los niños. Les mostraremos que Dios siempre está con nosotros, aun en los momentos de pruebas o dificultades y que, si nos mantenemos fieles y obedientes, Él nos ayudará en medio de toda situación difícil. En esta sección solo presentaremos algunos capítulos, pero te recomendamos que hagas una lectura completa del libro de Job de principio a fin.

Materiales: Letras grandes del nombre de JOB

Narración:
Muestra la letra J: Esta es la historia de un hombre llamado JOB. Él confiaba en Dios y lo amaba con todo su corazón. La Biblia dice que Job tenía siete hijos y tres hijas. Era dueño de 7.000 ovejas, 3.000 camellos, 1.000 bueyes, 500 burros, y tenía además muchos sirvientes. Job era no solo muy conocido y muy respetado por todos los que le conocían, sino que también era respetado por Dios.

Muestra la Letra O: Satanás cuestionó la Obediencia de Job frente al Señor. Un día, Satanás se presentó ante Dios.

"*Entonces Dios preguntó al acusador:*
—¿Te has fijado en mi siervo Job? No hay otro como él en toda la tierra: hombre perfecto y recto, que me teme y se abstiene de todo mal.
—¿Y cómo no habría de serlo si lo recompensas tan bien? —dijo burlonamente el acusador—. Siempre has librado de todo daño su persona, su hogar y sus bienes. Has hecho prosperar cuanto hace. ¡Mira cómo se ha enriquecido! ¡Razón tiene para adorarte! Pero quítale sus riquezas, ¡y ya verás cómo te maldice en tu propia cara!".
(1:8-11).

EPISODIO 8 JOB

Entonces, Dios le dio permiso a Satanás para probar a Job, pero no le permitió tocar su vida.

Unos días más tarde llegó un mensajero a decirle a Job que unos enemigos le habían atacado y que habían robado todos los bueyes y los burros y también habían matado a los sirvientes. Él único que había sobrevivido al ataque era el mismo mensajero que le traía estas noticias. Y mientras este mensajero todavía hablaba, ¡vinieron otros mensajeros! Le contaron a Job que todas sus ovejas se habían muerto en un incendio y que otros enemigos habían robado todos sus camellos. En eso, vino otro mensajero desde la casa del hijo mayor de Job para decirle que un viento muy fuerte había tumbado la casa donde estaba su familia comiendo, y todos los hijos e hijas de Job habían muerto.

Entonces Job se levantó, rasgó su ropa y rasuró su cabeza, y se dejó caer al suelo en actitud de adoración a Dios, y dijo:

"Desnudo salí del vientre de mi madre, y nada tendré cuando muera.
El SEÑOR me dio cuanto yo tenía; suyo era, y tenía derecho de
llevárselo. Bendito sea el nombre del SEÑOR".
En todo esto Job no pecó ni maldijo a Dios. (1:21-22).

Luego, Dios le permitió a Satanás causar lesiones en todo el cuerpo de Job. Satanás pensaba que ahora Job sí se apartaría de Dios. Pero Job dijo, "Si de Dios sabemos recibir lo bueno, ¿No sabremos recibir lo malo?". (2:10 NVI). A pesar de todo esto, Job no pecó ni de palabra. Algunos de los amigos de Job vinieron a visitarlo. Le contaron por qué pensaban ellos que Dios le permitía sufrir tanto. Pero sus palabras no ayudaron a Job; a pesar de que eran amigos sabios, su sabiduría tenía límites y no supieron ayudar a Job con sus palabras.

INVESTIGACIONES BÍBLICAS

Muestra la letra B: Job Bendijo a Dios.
Al fin Dios habló directamente a Job y le recordó de su gran poder para crear el mundo y todo lo que contiene, incluyendo a Job, sus posesiones y su familia. Job le respondió:

"Sé que todo lo puedes y que nadie es capaz de detenerte". (42:2).

Job reconoció su humanidad, su debilidad y se arrepintió de sus pecados. Dios le perdonó y luego hizo algo maravilloso: ¡le dio a Job dos veces más de todo lo que había tenido antes! Le dio 14.000 ovejas, 6.000 camellos, 2.000 bueyes, y 1.000 burros. Además, Dios le dio otros siete hijos y tres hijas. Job vivió muchos años y Dios le bendijo mucho.

Cierre:
En esta historia nuestro Agente "D" definitivamente es Job, y lo que le convirtió en un agente fue que:
1-Amaba a Dios, por eso era intachable, temeroso de Él y apartado del mal.
2-A pesar de perderlo todo, nunca se enojó con Dios ni se apartó del Señor.
3.-A lo largo de la prueba dolorosa que vivió tuvo altibajos, sin embargo, se mantuvo firme en su opinión de Dios; sabía que ninguna cosa externa cambia la esencia de Dios.
4- A través de los momentos difíciles su fe se hizo fuerte y conoció a Dios más de lo que nunca antes lo había conocido.

Tu misión, si decides aceptarla, es abrazar esas actitudes y vivirlas cada día.

1. Busca ser intachable.
2. Sé temeroso de Dios, ese es el principio de la sabiduría.
3. Apártate del mal. Esto es algo que debemos hacer a diario; el mal está por todo lugar, es nuestra decisión apartarnos para no caer.

BITÁCORA DE LABORATORIO
¿En qué podemos comparar este pasaje con las situaciones que vivimos en nuestros días?

Es muy especial la manera en que Dios habla acerca de Job y cómo Job actúa frente a tanto dolor; nunca niega ni se aparta de los caminos del Señor. Job pasó problemas a todo nivel: problemas familiares al perder a sus hijos, financieros al perder todo su ganado y siervos, y problemas personales y de salud, al quedar en el suelo en una condición dolorosa. Todo parecía estar perdido, pero él perseveró hasta el fin. En Mateo 24:13 dice: *"Pero los que se mantengan firmes hasta el fin serán salvos"*. Y eso es lo que hizo Job.

Expediente # 1: La reacción de otros
Así como Job, las personas que creemos en Dios experimentaremos problemas. Lo interesante es observar la manera en que reaccionaremos frente a los problemas de la vida. La Biblia dice en Juan 16:33: "En este mundo van a sufrir, pero anímense, yo he vencido al mundo". La realidad es que en este mundo imperfecto tendremos que enfrentar dificultades y problemas, pero el problema no es tener problemas, el problema es qué hará nuestro corazón para enfrentar esos problemas. ¿Cuál será nuestra actitud? Piensa un momento: ¿cómo reaccionan tus padres cuando tienen un problema? ¿Cómo reaccionan tus amigos en la iglesia cuando tienen un problema? Escucha respuestas y desafíalos a responder y luego a compartir con todo el grupo los siguiente:

INVESTIGACIONES BÍBLICAS

Expediente # 2: Tu propia reacción

La respuesta de la esposa de Job fue bastante dura, pero en momentos de dolor nuestras reacciones pueden ser variadas, dependiendo del grado de dolor que sentimos. Cuando te sucede algo malo, la manera en que reacciones determina mucho de lo que suceda en tu vida:

¿Qué haces tú?

Piensa en un momento de dolor en tu vida, tal vez la pérdida de alguien o de algo que amabas mucho. ¿Cómo reaccionaste? ¿Bien o mal? ¿Qué crees que te ayudaría a reaccionar mejor en los momentos de dolor?

¿En qué has ayudado?

Piensa en un amigo que han pasado un momento difícil. ¿Quién es y qué ha sucedido? ¿Qué palabras le has dicho? ¿Hiciste algo para ayudarle? ¿Qué podrías hacer mejor para ayudar a un amigo en el futuro?

Expediente # 3: Tu ayuda a otros

Todos tenemos amigos o conocidos a quienes en algún momento de la vida les sucede algo malo y a quienes podemos ayudar en esas situaciones.

ARCHIVO DE EXPERIMENTOS
Manos a la obra

Amor kilométrico:
Material: un corazón de papel tamaño carta para cada alumno.
Explicación:
Dobla el corazón por la mitad, y por la mitad otra vez. Ábrelo. Ahora tienes un corazón dividido en cuatro partes iguales. En el centro dibuja una cruz.

Luego en cada parte del corazón dibuja alguna cosa o persona que sea muy importante o valiosa para ti (por ejemplo: tus padres, tus amigos, hermanos o tu mascota, tus juguetes o dispositivos electrónicos favoritos). Todas estas cosas o personas que son importantes para ti son regalos de Dios. No merecemos todas estas cosas pero Dios nos da cosas buenas, porque nos ama. Perder algo importante nos puede dar tristeza, pero Dios siempre está con nosotros y promete cuidarnos.

Debemos dar gracias a Dios por todo lo que nos da, pero no debemos medir su amor por estas cosas. ¡Su amor es kilométrico! Tampoco podemos darle el centro de nuestro corazón a las cosas o personas porque, si en algún momento lo perdemos, nos enojaremos con Dios. Solo Dios debe ser el centro. No debemos permitir que nada ni nadie nos aleje de la cruz, allí Él nos mostró y nos dio todo su amor. Debemos amar a Dios por lo Él es y no por las bendiciones que nos da.

PIES DE AGENTE...
...siguiendo Sus pasos
Versículo para memorizar:

"¿Te has puesto a pensar en mi siervo Job?... es un hombre recto e intachable, que me honra y vive apartado del mal".
Job 1:8 NVI

Job es descrito en la Palabra como "un hombre intachable y apartado del mal". ¡Guau! ¿Sabes qué significa intachable? Que no tiene nada que se le pueda señalar o reprochar, que es ejemplar. Como te imaginas, no es fácil ser llamado de esta manera, pero Job es un ejemplo de que sí podemos llevar vidas ejemplares.

Dios llama a Job su siervo, pero Job no es mencionado como misionero, predicador o líder de la alabanza. Dios le llama a Job

INVESTIGACIONES BÍBLICAS

su siervo, porque Job obedecía a Dios, lo obedecía al guardar sus mandamientos y al mantenerse apartado del mal.

La mejor forma de servir a Dios es caminando en obediencia a sus mandamientos, apartándonos del mal y no pecando contra Él. Dios se complace en nuestra obediencia.

Job es ejemplo de tantas cosas, pero hoy resaltaremos ahora su

FE, PACIENCIA y RESISTENCIA

Para todos nosotros es un desafío ser ejemplo en estas tres virtudes. ¿Cómo fortalecer nuestra fe? ¿Cómo caminar en paciencia en un mundo que va tan acelerado y tan aprisa? ¿Cómo resistir cuando a veces los tiempos son tan difíciles? Sin duda Job nos muestra que la clave está en mantener la mirada puesta en Dios, demostrándonos que, aunque todo nos sea quitado, Él nos sostendrá y a su tiempo nos restaurará si permanecemos firmes hasta el fin.

Videos
Primer video: Prepara con la ayuda de otro maestro un video en donde puedas enseñar a los niños las lecciones que aparecen a continuación. Son lecciones que nos da la naturaleza sobre la paciencia.

Materiales: Imágenes (o animales de peluche) de arañas, hormigas y caracoles.

Explicación:
Dios nos habla a través de la naturaleza y nos muestra a través de los animales cómo trabajar de forma paciente y sabia. Por ejemplo, las arañas, las hormigas o los caracoles.

(Muestra la araña):

- La **araña** teje pacientemente su tela y lo hace porque esta tela le servirá como trampa para atrapar los insectos que serán su alimento. Si la araña no tuviera esta actitud paciente para tejer, sencillamente se moriría de hambre.

(Muestra la hormiga):
- Las **hormigas** tan pequeñitas y hábiles, cargan o arrastran pedazos de pan o de hojas por caminos o recorridos largos que las llevarán hasta el hormiguero. Ellas hacen esto pacientemente durante muchas horas: hacen siempre lo mismo, van y vienen, van y vienen con su carga. A veces llevan cargas tres veces más pesadas que su propio peso. Si las hormigas no tuvieran esa actitud paciente, ellas junto con su hormiguero morirían.

(Muestra el caracol):
- Los **caracoles**, son muy conocidos porque avanzan lenta pero pacientemente. Además, cuando se sienten en riesgo, enfrentan peligros o no hay suficiente humedad, esconden su cuerpo dentro del caparazón y lo cierran, permaneciendo así hasta que las condiciones cambian. Esto puede tomar largos períodos, pero son pacientes porque saben que de eso depende que sobrevivan a sus depredadores o a los largos períodos de sequía. Si los caracoles no tuvieran paciencia serían devorados fácilmente por sus depredadores o se morirían en los tiempos de sequía.

Segundo video: Prepara un video en el cual entrevistas a alguna persona. Puede ser un pastor, un misionero, una persona que está sirviendo al Señor. La entrevista debe ser acerca de un momento difícil que han pasado o que están pasando y de cómo Dios intervino o está interviniendo en sus vidas.

Cierre: pon estos videos en la red o página de tu iglesia.

Versículo en Post-it:

INVESTIGACIONES BÍBLICAS

Ten el versículo de hoy escrito en un Post-it para cada niño. Toma un tiempo para leerlo juntos y también para orar y pedir al Señor Su ayuda para poder responder como Job respondió en las circunstancias difíciles de la vida.

Material complementario:

AGENTES EN LA RED | **MISIÓN MUNDIAL**

DESCARGA EL MATERIAL COMPLEMENTARIO EN
WWW.E625.COM/LECCIONES

EPISODIO 9
ESTER

AGENTES "D"

FACTOR "C"
Un dato científico, cultural o contextual

Hoy hablaremos de la reina Ester. Su nombre en hebreo es Hadasa, que significa "arrayán". Este término es símbolo de paz y gozo entre los judíos. La historia de Ester sucede mientras el pueblo de Israel se encuentra en el exilio, en esta ocasión bajo el dominio del imperio persa. La Biblia no da detalles de la razón, pero menciona que los papás de Ester murieron cuando era pequeña, de manera que creció huérfana bajo el cuidado de su primo mayor Mardoqueo, quién la educó como si fuera su propia hija.

La historia inicia presentando un cuadro en el que el reino persa gozaba de riqueza y paz. Ester vivió durante el período en el que los persas dominaron todo el oeste de Asia y Egipto e impusieron un alto grado de organización. Ciro, gran constructor del imperio, había permitido que los judíos exiliados volvieran a Jerusalén desde Babilonia en el año 539 antes de Jesucristo (Esdras 1:1-4), y de allí en adelante los exiliados volvieron a reconstruir:

1. Sus hogares
2. El templo
3. La muralla de Jerusalén (más adelante, bajo la conducción de Nehemías)

Los judíos eran una minoría y muchos permanecieron en Babilonia y se desplazaron por toda el área que ahora conocemos como Irán e Irak.

El rey acostumbraba festejar y exhibir sus tesoros reales con fiestas que duraban mucho tiempo… ¡hasta seis meses! ¿Te imaginas?

INVESTIGACIONES BÍBLICAS

Las festividades, culminaban con un banquete para impresionar a todos los líderes encargados de los asuntos civiles y militares. Estas celebraciones daban énfasis a la abundancia de vino y a la libertad que los invitados tenían para beber cuanto quisieran.

En medio de una de estas grandes celebraciones el rey Asuero mandó llamar a la reina Vasti, pero ella se negó a obedecerlo. Este rechazo a presentarse en la fiesta del rey fue desafiante por parte de la reina y lo puso en ridículo frente a todos los grandes líderes del reino.

Esto indignó al rey, quien de inmediato entregó a sus consejeros la responsabilidad de decidir un castigo por esta provocadora actitud. Ellos le aconsejaron que dictara un decreto para que Vasti nunca más volviera a presentarse ante él, que se le quitara la corona y que ésta fuera entregada a otra mujer mejor que Vasti. Es decir, esta reina desobediente sería destituida de su posición de reina, perdiendo así su derecho a presentarse ante el rey. El decreto publicado restablecería la autoridad del rey y aseguraría que todo esposo disfrutaría del respeto debido de su esposa.

Por último, el rey envió cartas por todo el reino, a cada provincia en su propia escritura y a cada pueblo en su propio idioma, proclamando que todo hombre debía ejercer autoridad sobre su familia (1:22). Eso era lo que se esperaba de los hombres en ese tiempo y es lo que se espera de ellos hoy también: que lideren en autoridad y amor a sus familias.

Para llenar el espacio de la reina Vasti los consejeros propusieron reunir jóvenes solteras y hermosas para que participaran en una especie de concurso de belleza. Todas las jóvenes debían pasar por un tratamiento de belleza de doce meses antes de presentarse ante el rey Asuero. El plan era presentarle él cuanta joven hermosa existiera en el imperio para que pudiera escoger a su nueva reina.

Aquí es donde aparece nuestra protagonista de hoy, nuestra Agente "D" Ester, que sin haberlo planeado termina siendo parte de este concurso de belleza. Al ser presentada a Jegay, el encargado del concurso, ella se gana su simpatía y le dan prioridad en el tratamiento de belleza y en la nutrición. Exploremos entonces esta emocionante historia que nos dará poderosas lecciones.

Misterios por resolver:
Esta es una gran investigación ya que nuestra Agente "D" arriesga su vida para salvar al pueblo de Dios.

- ¿Cuál fue la reacción del encargado del concurso cuando conoció a Ester? ¿Por qué crees que tuvo esa reacción?
- Ester, siendo del pueblo de Dios, le hizo caso a su primo Mardoqueo que le aconsejó no revelar su ciudadanía. ¿Por qué crees que le dio ese consejo?
- ¿Por qué ayunó Ester tres días y tres noches?
- ¿Fue Ester instrumento de Dios para salvar a su pueblo?

Esto y más investigaremos hoy pero antes vamos a nuestro espacio "D".

ESPACIO "D"
Nuestra sección para jugar con propósito

Materiales: 2 sets de tarjetas de memoria.

Explicación:
Vamos a preparar con anticipación dos sets de tarjetas de memoria para jugar en el suelo. Imprime o saca fotocopias de los personajes de la historia del día de hoy (Mardoqueo, reina Ester, Amán, reina Vasti, rey Asuero, Jegay, otras doncellas). Necesitarás dos copias o impresiones de la misma persona para cada set.

INVESTIGACIONES BÍBLICAS

Divide la clase en dos grupos. Luego coloca en el centro de cada grupo un set de tarjetas de memoria con las imágenes hacia abajo para que no las vean. Explica que todos tendrán un turno y veremos qué grupo logra descubrir más parejas durante el tiempo asignado.

Cierre:

En nuestra historia de hoy nuestro Agente "D" es una mujer que Dios usó para salvar a su pueblo. Vamos a nuestro Manual del Agentes para descubrir quién es esta mujer.

Nota: Si esta técnica de tarjetas de memoria les gusta a tus alumnos, tal vez valga la pena que la realices con frecuencia en diferentes lecciones. Prepara entonces un tablero para el juego de memoria. Encontrarás muy buenos tutoriales en internet para fabricarlo. Puede ser de tela, de cartón o de cualquier material que tengas a mano. ¡Disfruta la clase!

Material: Sopa de letras

DESCARGA EL MATERIAL COMPLEMENTARIO EN
WWW.E625.COM/LECCIONES

EXPEDIENTES
Cápsula de sabiduría para el maestro

Recuerda hacer uso de incentivos o premios para motivar a los chicos en el aprendizaje de la Palabra de Dios. Si bien no debemos perder el equilibrio despertando en los niños el deseo de hacer las cosas solo por interés en el premio, como maestros sí debemos buscar estrategias creativas que estimulen el aprendizaje, ya que las recompensas se reciben por un trabajo bien hecho o por una memorización que los llevó a esforzarse. Dios mismo como

Padre nos recompensa con múltiples bendiciones si hacemos las cosas bien, obedeciendo Su Palabra. De igual manera nosotros daremos organizadamente estímulos a aquellos niños que de continuo respondan aprendiendo y participando con interés. Usa calcomanías, pulseras, pines o cualquier otro incentivo pequeño para motivar el aprendizaje y la participación.

MANUAL DEL AGENTE
Nuestro pasaje bíblico

Ideas para el relato:
Opción #1: Si tu clase tiene sólo niñas, ellas disfrutarán de una obra de teatro en la que toda la clase participe; les encantará disfrazarse y transportarse a la historia. Necesitarás accesorios para la obra: vestidos, joyas, corona, etc.

Opción #2 -Tablero para representar la historia. Utilizando las tarjetas del juego puedes relatar la historia de hoy.

Te recomendamos que hagas una lectura completa del libro de Ester para que puedas tener todo el contexto de la historia al momento de presentarlo a los niños, para poder responder posibles preguntas. A continuación, presentamos únicamente algunos pasajes para resaltar en el relato.

La Reina Ester
Parte 1: (base bíblica Ester 2:5-9)
El rey de Persia, el rey Asuero, se encontraba sólo y necesitaba una reina. Sus consejeros le recomendaron reunir a todas las jóvenes solteras para que vinieran al palacio del rey y se prepararan durante doce meses con tratamientos de belleza y una dieta especial antes de presentarse ante el rey. Él iba a ver a todas las jóvenes y escogería entre ellas a la nueva reina.

INVESTIGACIONES BÍBLICAS

Parte 2: (base bíblica: Ester 2:10-16)
Ester era judía, pero su primo Mardoqueo que siempre cuidaba de ella, le había aconsejado no revelar su ciudadanía para evitar que la aislaran o la trataran de forma diferente. La Biblia dice que Ester encontraba gracia con todo el que la conocía. Cuando llegó el momento de presentarse ante el rey, ella siguió todos los consejos que le había dado Jegay, el funcionario del rey que estaba a cargo de las jóvenes.

Parte 3: (base bíblica: Ester 2:17-18)
Cuando el rey vio a Ester, se sintió atraído hacia ella más que a cualquier otra de las participantes. Sin dudarlo la eligió a ella y le otorgó la corona, dándole a la bella Ester el lugar de reina.

Parte 4: (base bíblica: Ester 3:1-15)
El rey Asuero honró a un hombre llamado Amán como el más alto de todos sus oficiales. De manera que todos en el palacio se arrodillaban cuando él pasaba por las puertas, pero Mardoqueo (el primo de Ester) no se arrodillaba. Cuando Amán se enteró de que Mardoqueo no se arrodillaba ante él y que además era judío, se propuso eliminar no solo a Mardoqueo sino a todos los judíos que habitaban en todo el reino del rey Asuero. De manera que fue con el rey y le contó sobre un pueblo con costumbres extrañas que no obedecía las leyes del rey y que debía ser exterminado. El rey estuvo de acuerdo y firmó la ley con su anillo. Ese mismo día se anunció. La ley decía que el día trece del mes doce debían eliminar a todos los judíos.

Parte 5: (base bíblica: Ester 4:1-17)
Cuando Mardoqueo se enteró de la ley se rasgó las vestiduras, se vistió de luto y se puso cenizas en la cabeza. Ahora bien, el rey no permitía que nadie se acercara al palacio vestido de luto, de manera que Ester tuvo que enviar a uno de sus siervos a averiguar la razón de su tristeza. Mardoqueo le explicó lo que sucedía, le envió una

copia de la ley y le mandó a decir que ella debía hablar ante el rey para defender a su pueblo. El problema era que la ley decía que, si alguien se presentaba ante el rey sin haber sido llamado por él, podría ser condenado a muerte a menos que el rey le extendiera su cetro de oro, otorgándole así el permiso para verlo. Mardoqueo le insistió a Ester diciéndole: "¿Y quién sabe si no es para ayudar a tu pueblo en un momento como este que has llegado a ser reina?". (4:14). Entonces Ester le dijo a Mardoqueo: "Ve y reúne a todos los judíos de Susa y pídeles que ayunen por mí. Diles que no coman ni beban durante tres días con sus noches. Yo y mis sirvientas haremos lo mismo. Luego, aunque está estrictamente prohibido, me presentaré ante al rey. ¡Si he de morir, que muera!". (4:16).

Parte 6: (base bíblica: Ester 5-7)
Después del ayuno Ester se vistió con ropas reales y se presentó ante el rey. Cuando éste la vio se mostró complacido y le extendió el cetro diciendo: "¿Qué desea la reina, pídeme lo que quieras?". Entonces Ester le pidió al rey venir a un banquete a su casa esa noche y que trajera de invitado a Amán. Esa noche tuvieron un banquete y el rey volvió a preguntar: "¿Qué desea la reina, pídeme lo que quieras?". La reina los invitó a un segundo banquete para el día siguiente; allí le diría su petición. Durante el segundo banquete el rey volvió a preguntar: "¿Qué desea la reina, pídeme lo que quieras?", y Ester le dijo: "Deseo que me conceda la vida a mí y a mi pueblo pues se ha ordenado el exterminio de todos nosotros". Y el rey preguntó: "¿Quién se ha atrevido a tal cosa?". Ester le respondió: "Es Amán". El rey se enfureció tanto que tuvo que salir un momento para tomar aire. Finalmente ordenó que colgarán a Amán por tramar mal contra su reina y su pueblo.

Parte 7: (base bíblica: Ester 8)
Y nuestra historia tiene un final muy bueno. El rey permitió que Ester y Mardoqueo hicieran otro edicto para eliminar el que había hecho Amán. En él se les permitía a los judíos defenderse si alguien les hacía mal. Valió la pena la valentía de nuestra Agente "D".

INVESTIGACIONES BÍBLICAS

Cierre:
Es maravillosa la aventura la que experimentó Ester, nuestra Agente "D". Sin duda hay muchas cosas para aprender de ella:

1-Ester dependía no solo de su belleza, sino de la presencia de Dios.
2-Cuando tuvo que levantarse con valor para salvar al pueblo judío, lo hizo. Fue valiente.
3.-En la dificultad, ayunó para buscar a Dios. Tres días y tres noches estuvo apartada buscando la presencia del Señor.
4-En ese retiro de tres días, Dios le dio sabiduría y fuerza para lo que debía enfrentar.
5-Defendió al pueblo y Dios la respaldó.

Tu misión, si decides aceptarla, es buscar actuar con valentía ante las situaciones difíciles. Pero principalmente es estar dispuesto a hacer la voluntad de Dios.

BITÁCORA DE LABORATORIO

¿En qué podemos comparar este pasaje con las situaciones que vivimos en nuestros días?

En un momento difícil, Ester no se desesperó ni perdió la compostura por el desastre que se avecinaba. Ester, decidió buscar a Dios y pedir al pueblo que hiciera lo mismo. Y aunque arriesgó su vida no se lamentó para nada de hacerlo.

Expediente #1: Ayuno en necesidad
En los tiempos de dificultades, todos reaccionamos de diferentes maneras. pero reaccionar como lo hizo Ester, aunque es la mejor forma, no es la más fácil. ¿Alguna vez has ayunado? ¿Por cuánto tiempo?

> ¿Has ayunado? Piensa si alguna vez has ayunado y por qué razón. ¿Lo hiciste con tu familia o solo? ¿Por cuánto tiempo lo hiciste y cómo funcionó?

EPISODIO 9 ESTER

Una persona se considera realmente un "héroe" cuando actúa decididamente en el "momento justo", mientras que la mayoría se queda mirando, inmóvil por el temor o pasivo por la apatía hacia las circunstancias. ¿Sabes? Aunque no tengamos la oportunidad de salvar la vida de alguien, literalmente hablando, sí podríamos salvar la vida emocional al ayudar a una persona en necesidad, dando comida, ropa, útiles escolares etc. O podemos salvar vidas espirituales al compartir la Palabra de Dios, con todas las buenas noticias que ella contiene, a personas que por alguna razón han perdido la esperanza. Lo verdaderamente importante para un agente "D" es actuar en el "momento justo" buscando el bien de otros. Sin duda todos podemos ser héroes verdaderos al estilo de la reina Ester.

Valor.
Nuestra Agente "D" es una reina valiente, porque en el momento más crucial de la historia mostró su verdadero carácter. ¿Qué puedes aprender de Ester que te ayude a enfrentar una situación específica que requiera que tú seas la persona que llega en el "momento justo"?

Expediente #2: Valor
¿Cómo defines la palabra valor? Firmeza, coraje y valentía en las acciones.

Expediente #3: El valor de unos labios prudentes

Ester, aun siendo muy joven, era muy sabia y prudente. Supo esperar y hablar con el rey en el *"momento justo"* y de la *"manera más sabia"*. Siglos antes, el rey Salomón había escrito por inspiración divina: *"Para todo hay un tiempo oportuno, [...] tiempo de callar; tiempo de hablar"*. (Ecl.3:1,7).
Seguramente Mardoqueo, le inculcó a la joven principios como este mientras ella crecía. Por eso ella entendía la importancia de elegir con cuidado el "tiempo de hablar".

INVESTIGACIONES BÍBLICAS

DEL ANTIGUO TESTAMENTO

"Si de verdad Su Majestad quiere complacerme, le suplico que asista, junto con Amán, esta noche a un banquete que he preparado en su honor". (Ester 5:4). El rey accedió a su noble petición y mandó llamar a Amán. ¿Vemos lo prudente y sabia que fue Ester? A la vez que respetó la dignidad de su esposo, planeó el mejor momento para expresarle su preocupación (Proverbios 10:19: "El sabio sabe cuándo callar").

Esta historia nos muestra que:
1. La reacción en momentos difíciles es muy importante.
2. El apartarse para estar en comunión con Dios y recibir su dirección es clave en momentos de dificultad.
3. Una vez que recibimos la dirección de Dios es necesario caminar con valor y con determinación.
4. No debemos olvidar nunca quién es Dios y que Su Espíritu en nosotros es la garantía de sus promesas. (2 Corintios 1:22).

ARCHIVO DE EXPERIMENTOS
Manos a la obra

Ester fue capacitada por Dios para desempeñar una misión específica y única, hasta la belleza externa que tenía Ester fue dada con un propósito. Dios la capacitó y la vistió de recursos y habilidades para que cumpliera con éxito su misión. Los recursos y dones que nos fueron dados no nos fueron dados sólo para lograr subsistir en el día a día, nos fueron entregados para que cumplamos nuestra misión mientras estamos aquí en la tierra. ¿Sabías que cada uno de los seres humanos está dotado de más de quinientas habilidades? Muchas de ellas tal vez ni sepamos que las tenemos, pero ahí están; habilidades como hablar, cantar, cocinar, dibujar, dirigir, fabricar, plantar, enseñar, ayudar, escuchar etc., son habilidades dadas por Dios para cumplir sus propósitos.

¿Cuáles son tus dones, habilidades o recursos?

Misión y Propósito:

Materiales:
- Hojas blancas (una para cada niño)
- Lápices de colores
- Pegamento
- Letras para formar la palabra HABILIDADES (1 set para cada niño)

Explicación:

Entrega a cada alumno un sobre con las letras de la palabra HABILIDADES y una hoja blanca. En esta actividad los chicos van a pegar las letras armando esta palabra clave y luego deben escribir cuáles son sus habilidades, o en qué cosas ellos son buenos o la gente les ha dicho que son hábiles. Cada uno debe por lo menos encontrar diez cosas (cinco cosas para los niños más pequeños) en las que ellos son "hábiles". Reflexiona con la clase cómo esta actividad nos ayudará en dos cosas:

1. Cuando descubramos nuestras fortalezas podremos fácilmente encontrar nuestro propósito o la manera en que Dios nos puede usar para cumplir la misión que nos ha dado.
2. Encontrar nuestras habilidades nos ayuda a entender nuestra parte en el cuerpo de Cristo y actuar de manera decidida para traer bendición a muchos.

Comparte el versículo de **Efesios 2:10** y explícales cómo Dios nos creó para caminar en propósitos y planes que Él preparó desde antes para que caminemos en ellos. Para cerrar la actividad pídeles a los estudiantes que encierren en un círculo tres de esas habilidades que ellos piensan que poseen y que escriban en qué piensan que Dios los puede usar al ver estas habilidades.

Por ejemplo, si un chico encierra en un círculo las palabras: cantar, hablar, viajar, tal vez Dios lo puede usar predicando o componiendo canciones que adoren a Dios. Otro puede encerrar en círculos las palabras: escribir, dibujar, leer; tal vez Dios lo puede usar para llevar palabras de ánimo a gente en necesidad o puede ilustrar Biblias o libros con el mensaje de Jesús. La idea es que todos puedan ver con un poco más de claridad para qué Dios los tiene en esta tierra y cómo sus dones tienen propósito y misión.

PIES DE AGENTE...
...siguiendo Sus pasos

"¿Y quién sabe si no es para ayudar a tu pueblo en un momento como este que has llegado a ser reina?". Ester 4:14

Materiales:
- 1 pedazo de cartón para cada chico, tamaño carta
- Marcadores de colores
- Versículo escrito para cada estudiante
- Molde de la silueta de una pieza de la "reina" del ajedrez

Preparación:
Ten preparado un trozo de cartón para cada chico de tu clase. La idea es que cada uno pueda tomar un momento para copiar el molde de la silueta de la reina de ajedrez sobre su cartón.

Puedes tomar un tiempo para explicar el valor que tiene la pieza de la reina en el juego de ajedrez y compararlo con el valor que tienen los cristianos en la sociedad del día de hoy. Si la edad de tus estudiantes lo permite, pueden recortarla o simplemente utilizar el dibujo del contorno de la pieza. Puedes tener impreso el versículo para que ellos lo peguen dentro de la "reina" que han dibujado o si lo deseas que escriban el verso dentro de la silueta.

Explicación:

Hoy vamos a dibujar la pieza de "reina" del ajedrez, y mientras lo hacemos, vamos a conversar sobre lo que debió haber sido fácil y difícil para Ester al ser la reina. Toma un tiempo para hablar con ellos sobre cómo Dios le dio una posición de liderazgo a Ester porque Él sabía lo que vendría más adelante. Solo una hija de Dios podía ser utilizada para salvar a Su pueblo. Hoy en día, Dios está colocando a chicos y chicas como ustedes en posiciones de liderazgo e influencia porque sabe que como Su pueblo somos los únicos que podemos levantarnos y defender lo que es correcto, lo que agrada al Señor y seguir Su Palabra. Toma tiempo para leer el versículo con ellos y pide que coloquen la reina en un sitio en su cuarto para que recuerden que Dios puede usarlos hoy en día así como usó a Ester. Cierra con una oración por tu clase.

Material complementario:

AGENTES EN LA RED | MISIÓN MUNDIAL

DESCARGA EL MATERIAL COMPLEMENTARIO EN
WWW.E625.COM/LECCIONES

INVESTIGACIONES BÍBLICAS
DEL ANTIGUO TESTAMENTO

EPISODIO 11
NEHEMÍAS

AGENTES "D"

FACTOR "C"
Un dato científico, cultural o contextual

Nehemías significa "Jehová Consuela" o "El Señor Consuela", y realmente hace honor a su nombre por la misión que Dios le asignó a este hombre y por la valentía que tuvo para completarla.
También le han llamado "Segunda de Esdras" ya que es una continuación histórica de los sucesos en Esdras, de manera que vale la pena que estudies ese libro para completar el entendimiento al investigar Nehemías.

Si leemos Deuteronomio 4:15-40, encontramos a Moisés advirtiendo al pueblo lo que podía suceder si ellos al llegar a la tierra prometida caían en idolatría, desobedecían sus mandamientos e imitaban a las naciones paganas. Si hacían eso Dios los iba a dispersar por todo el mundo por haberse alejado de Él. En este momento de la historia Israel había sido advertido pero sin embargo, desobedeció al caer en idolatría, no cumplir Sus mandamientos y al imitar a las naciones paganas que les rodeaban.

Fue por eso que Dios permitió que Israel fuera derrotado, saqueado y esclavizado; el reino del Norte fue esclavizado por Asiria en el año 722 a.C. y el reino del Sur por Babilonia en el año 586 a.C. y así fue como el pueblo de Israel fue dispersado por todo el mundo que se conocía en ese entonces. (2 Reyes 17). Luego Babilonia es derrotada por Persia y es bajo el imperio persa que sucede la historia de Nehemías. El libro de Esdras comienza cuando el rey persa, Ciro, permite que un primer grupo de israelitas regrese a Jerusalén para reconstruir el templo alrededor del año 539 a.C. (Esdras 1-6).

Un segundo grupo regresa a Jerusalén (Esdras 7-10) guiado por Esdras en el año 458 a.C. y nosotros investigaremos al tercer grupo que regresó a Jerusalén guiado por Nehemías con la misión de reconstruir el muro que rodeaba la ciudad.

INVESTIGACIONES BÍBLICAS

Es importante entender esta parte de la historia para poder comprender el panorama completo del pasaje bíblico. Nehemías, así como José, Ester y Daniel, llegaron a tener un papel importante con los gobernantes mientras estaban cautivos. Ellos alcanzaron una posición que Dios utilizó para salvar a Su pueblo y llevar a cabo Su obra. Nehemías tenía entonces una posición importante en Persia: era el copero del Rey. Esto quiere decir que era el encargado de seleccionar lo que el rey iba a beber, pero para hacerlo, era necesario que él probara el vino antes que el rey para confirmar que no tuviera veneno. Para terminar esta nota histórica, regresa a Deuteronomio 4 y encontrarás que, en ese mismo pasaje de la Biblia, Dios establece que en caso de que el pueblo desobedeciera y fuera dispersado, Él estaría dispuesto para rescatarlos si se arrepintieran y lo buscaran:

> *"Pero entonces comenzarán a buscar otra vez al Señor su Dios, y lo encontrarán si lo buscan con todo el corazón y toda el alma. Cuando esos días amargos vengan sobre ustedes en los últimos tiempos, se volverán al Señor su Dios y oirán lo que les dice. Porque el Señor su Dios es misericordioso; él no los abandonará ni los destruirá ni olvidará el pacto y las promesas hechas a sus antepasados".*
> Deuteronomio 4:29-31.

Servimos y vivimos para el único verdadero Dios que siempre nos da una oportunidad para volver a Sus caminos y vivir para Él.

Misterios por resolver:

Si esta es una buena exploración que demuestra una fe inquebrantable:

- ¿Cuál fue la reacción de Nehemías cuando supo de la condición del pueblo?
- ¿Qué hizo para buscar ayuda?
- ¿Tuvo valentía o temor cuando escuchaba las amenazas por parte de la gente que no quería que se reconstruyera el muro?
- ¿Lograron construir el muro con tantas amenazas?

EPISODIO 10 NEHEMÍAS

...Esto y más investigaremos hoy pero antes vamos a nuestro espacio "D"

ESPACIO "D"
Nuestra sección para jugar con propósito

Construyendo:

Opción #1:
Si tienes acceso a juegos tipo "Jenga" consigue dos para poder hacer una competencia por equipos. Divide a la clase en dos grupos y que compitan para ver quién quita más bloques sin que la torre se caiga. También puedes competir para ver qué equipo puede construir la torre más alta utilizando las mismas piezas y toda su creatividad.

Opción #2:
Consigue cajas de cereal u otro tipo de cajas pequeñas y ciérralas con cinta para que sean nuestros ladrillos de construcción. Divide la clase en dos grupos y entrega el mismo número de cajas a cada uno. El objetivo es que, a tu señal, veamos quién construye la pared más larga. Los chicos deben usar su creatividad para hacerla tan larga como puedan.

Puedes mostrar una imagen de la "Gran Muralla China" y contarles la función que tenían las murallas alrededor de una ciudad. Dile a la clase que hoy estaremos investigando acerca de un muro que fue construido para proteger una ciudad, pero que, en este momento en la historia, se encontraba destruido.

Material: Sopa de letras

DESCARGA EL MATERIAL COMPLEMENTARIO EN
WWW.E625.COM/LECCIONES

INVESTIGACIONES BÍBLICAS
DEL ANTIGUO TESTAMENTO

INVESTIGACIONES BÍBLICAS

EXPEDIENTES
Cápsula de sabiduría para el maestro

Nuestra tarea como maestros de la Palabra, va más allá de una misión pedagógica: tenemos un llamado espiritual así que nuestra victoria no está determinada por espada o ejército sino por el poder de Su Espíritu (Zacarías 4:6). En medio de cada cosa que hacemos, en vano trabajamos y preparamos si no incluimos al Espíritu Santo para que Él selle las verdades de la Palabra en los corazones de los chicos. Nosotros somos los sembradores, pero nuestra alianza con el Espíritu es nuestra arma poderosa para que la Palabra cobre vida en los corazones. Recuerda que el poder que nos reviste viene de:
1. Nuestra relación genuina con Dios
2. El estudio consistente de la Palabra
3. La oración continua

Recuerda: antes de tu clase has todo lo que depende de ti, prepárate lo mejor que puedas, pero recuerda invitar a el Espíritu a tomar Su lugar, tocando los corazones y sellando su palabra en cada niño.

MANUAL DEL AGENTE
Nuestro pasaje bíblico

Ideas para el relato:
- Puedes utilizar cajas de cereal y pegar en ellas un elemento central de la escena que quieres relatar.
- Puedes construir un cubo gigante y dividir la historia en seis escenas representadas en cada lado del cubo e ir relatando la historia.

Nehemías Reconstruye el Muro
Escena #1 — Nehemías 1:1-4

Escena #2 — Nehemías 2:1-8
Escena #3 — Nehemías 2:11-12, 15B, 17-18
Escena #5 — Nehemías 4:6-9, 16-18 y 6:1-14
Escena #6 — Nehemías 6:15-16

Cierre:
En esta historia nuestro Agente "D" fue Nehemías y lo que lo convirtió en ese agente fue que:

1-Tuvo un corazón sensible al estado del pueblo en Jerusalén.
2-Además de entristecer su corazón, oró y ayunó buscando sabiduría de Dios.
3.-Directamente le pidió al rey permiso y ayuda para reconstruir el muro de Jerusalén y sus puertas.
4-Motivó al pueblo y no tuvo miedo a pesar de las amenazas de muerte.
5-En cincuenta y dos días terminó junto al pueblo la construcción del muro.

Tu misión, si decides aceptarla, es abrazar esas actitudes y vivirlas cada día.

BITÁCORA DE LABORATORIO

¿En qué podemos comparar este pasaje con las situaciones que vivimos en nuestros días?

Nehemías demostró muchas virtudes. Fue sensible a la necesidad de su pueblo y cuando escuchó la noticia sobre las condiciones en las que se encontraba, su corazón se quebrantó y no se permitió continuar con su vida, sino que se puso a orar para poder ver un cambio. En ese proceso de oración el rey observó que algo no estaba bien y Dios lo usó para que Nehemías emprendiera la tarea de reconstruir el muro de la ciudad.

INVESTIGACIONES BÍBLICAS

DEL ANTIGUO TESTAMENTO

Expediente # 1: Corazón sensible

Nehemías pudo haber escuchado la noticia del pueblo en Jerusalén y dar gracias a Dios porque él sí estaba bien, pero no fue así. Su actitud se afectó y accionó espiritualmente hasta convertirse en un agente de cambio. Si miras a tu alrededor, sin duda encontrarás personas en necesidad, ¿qué sucede en tu corazón cuando las ves?

> **¿Eres sensible?**
> Piensa si alguna vez has visto en necesidad a alguien que está cerca de ti o que conoces. ¿Por qué no tomas un tiempo para orar por esa persona? ¿Has hecho alguna vez un ayuno para el beneficio de otra persona que no seas tú? ¿Le has preguntado a Dios si puedes hacer algo para ayudar a alguien en necesidad?

Expediente # 2: ¡Manos a la Obra!

En Nehemías 2:18 NVI dice que cuando el plan fue presentado al pueblo dijeron ¡Manos a la obra! Pero la siguiente expresión dice: "Y unieron la acción a la palabra". No se quedaron con buenas ideas sino que se pusieron en acción. Si hubiera algo que pudieras hacer para ayudar hoy para marcar la diferencia en alguien, ¿qué harías?

> **¡Ponle acción a tus palabras!**
> Ahora mismo, piensa en algo sencillo que puedas hacer para ayudar a alguien ¿Puedes hacer algo físico para ayudar? (un oficio, una labor, un trabajo esforzado, etc.). ¿Podrías hacer algo en línea para ayudar a un mayor? (ayudar a programar una cita médica, comprar comida, etc.).

Expediente # 3: ¡Brocha y espada!

En Nehemías 4:17 menciona que, para poder estar alertas contra el enemigo, los constructores tenían en una mano la herramienta

EPISODIO 10 NEHEMÍAS

de trabajo y en la otra una espada por si eran atacados. Si tu familia estuviera en algún riesgo ¿qué es algo que puedes hacer además de orar para estar preparados?

Sin duda esta historia nos muestra un Agente "D" que nos deja varios ejemplos clave:

> **¡Brocha y espada!**
> Además de la oración y de estar en la Palabra, ¿qué puedes hacer para que tu familia esté lista para una emergencia?

1. Ante la tragedia de otros puedes entristecerte pero para realizar un cambio debes orar.
2. Luego de orar debes buscar ayuda con la dirección de Dios.
3. Una vez que comienzas, seguro aparecerán dificultades, pero debes ser fiel a la obra que Dios te confió y verás milagros.
4. Por último, todo lo que hagas para honrar a Dios recibirá Su respaldo y las puertas se abrirán para ti.

ARCHIVO DE EXPERIMENTOS

Manos a la obra

Nehemías entendió la misión que Dios le encomendó y actuó como un Agente "D". Diligentemente se dedicó a buscar la voz de Dios para cumplir la misión de reconstruir el muro. No sería una tarea fácil pero él se determinó a hacerlo.

Reconstruir lo caído

Materiales:
- Cartulinas tamaño hoja carta (1 por alumno)
- Vara de madera o plástico (1 por alumno)
- Pegamento y tijeras
- Marcadores de colores
- Imágenes de situaciones caídas del mundo actual

Observa por un momento cuántas cosas en el mundo donde vives necesitan ser reconstruidas. Físicamente: muchas áreas a veces de

INVESTIGACIONES BÍBLICAS

DEL ANTIGUO TESTAMENTO

nuestro vecindario están caídas o descuidadas, tú puedes ser parte de los Nehemías de hoy que ayudan a embellecer su vecindario: levanta la basura, corta el césped, ayuda a reconstruir algo en tu casa. Espiritualmente: muchos valores y principios cristianos se han perdido y muchas bases morales se han derrumbado. Hoy tú y yo encontraremos maneras de reconstruir lo caído.

Explicación: Usando los materiales que recibiste en la clase crearás tu bandera de como serás un Agente "D" determinado a reconstruir valores que se han caído. Aquí te sugerimos cinco temas que puedes elegir para tu bandera:

Temas:
1. Vuelve tu corazón a Dios (muchos han perdido su fe).
2. El mundo necesita amor (se han derrumbado los conceptos del verdadero amor).
3. Camina Sirviendo a otros (muy pocos viven para servir sin esperar nada a cambio).
4. Busca la unidad (si dejamos el egoísmo y trabajamos unidos logramos más).
5. Seamos Agentes de paz (podemos cambiar una atmósfera cargada de enojo y violencia).

Cada niño se podrá llevar su bandera a casa y puedes animarlos a usarla cuando vayan a cumplir la MisiON Mundial, que explicaremos a continuación.

PIES DE AGENTE...
...siguiendo Sus pasos

Versículo para memorizar:
"¡Reedifiquemos los muros de Jerusalén y no permitamos que se sigan burlando de nosotros!". Nehemías 2:17

O

"Y unieron la acción a la palabra". Nehemías 2:18 NVI

Opción#1:
-Ten un bloque de madera en el que los chicos puedan escribir el versículo,
-Ten marcadores de colores para que ellos puedan copiar el pasaje.

Opción#2:
-Puedes pegar el versículo a memorizar en una pared de la clase.
-Ten marcadores de colores para que ellos puedan copiar el pasaje.

Opción#3:
-Letreros para la puerta de la habitación.

En nuestra investigación del día de hoy vimos cómo algunos de los constructores se centraron en la parte que quedaba frente a su casa. Vamos a colocar el versículo en la puerta de nuestro cuarto para que nuestra familia pueda verlo.

Materiales:
-Diseña una hoja con borde simulando una pared con espacio en el centro para que los chicos escriban el versículo en el centro.
-Marcadores o crayones para que escriban el verso.

Explicación:
Así como en nuestra investigación del día de hoy vimos que algunos se enfocaron en hacer la parte del muro que estaba frente a sus casas, vamos a hacer algo para poner frente a la puerta de nuestra habitación. Decoraremos esta hoja para que puedan ponerlas en la puerta de su habitación o si sus padres lo permiten, podría ser en la puerta de su casa. La idea es dar lugar a que les pregunten lo que significa y que les puedan compartir lo que sucedió a través de Nehemías y cómo Dios protegió al pueblo de muchas amenazas y lograron terminar la obra. Permite un tiempo para que realicen la actividad y luego cierra con una oración por tu clase.

INVESTIGACIONES BÍBLICAS

DEL ANTIGUO TESTAMENTO

Material complementario:

AGENTES EN LA RED | MISIÓN MUNDIAL

DESCARGA EL MATERIAL COMPLEMENTARIO EN
WWW.E625.COM/LECCIONES

INVESTIGACIONES BÍBLICAS
DEL ANTIGUO TESTAMENTO

EPISODIO 11
RUT

AGENTES "D"

FACTOR "C"
Un dato científico, cultural o contextual

Una historia de lealtad y amor

Esta historia nos habla de tres personajes clave: Rut, Booz y Noemí. Rut, la moabita, una joven sencilla, sin mucho conocimiento, de origen pagano luego judía convertida, De una u otra manera podríamos pensar que no tenemos mucho que aprender de esta joven, pero en esta historia ella nos brinda lecciones de amor y lealtad.

Esta historia ocurre en una de las etapas más difíciles de la historia del pueblo judío: la época de los jueces, en la cual hubo una gran escasez y hambre. Por esta razón Noemí y su familia se mudaron a la tierra pagana de Moab, lugar de origen de Rut, en busca de alimentos. Después de diez años en Moab, la situación empeora pues el esposo de Nohemí y sus dos hijos mueren y ellas queda viuda junto a sus dos nueras, también viudas. Su futuro era en verdad oscuro, sobre todo para Noemí que ya era anciana: tendrían que pedir limosna por el resto de su vida. Cuando Noemí se enteró de que el hambre había cesado en Israel decidió volver a su tierra. En ese momento liberó a Rut y Orfa (sus nueras) de cualquier compromiso que tenían con ella. No quería que se sintieran comprometidas a tener que cuidarla de por vida y les aconsejó que se volvieran con sus familias, se casaran nuevamente, y rehicieran sus vidas. Orfa siguió su consejo, pero Rut no. Culturalmente Rut no tenía ninguna obligación de quedarse con Noemí. Su marido se había muerto. Todo lazo con Noemí había sido cortado. La cultura moabita de Rut era muy distinta a la de Noemí. Rut había adorado a dioses paganos y no al Dios de Noemí. Sin duda era para Rut era más fácil seguir su vida cómoda en Moab, con su familia y casarse nuevamente. Por el contrario, en Israel tendría un futuro bastante difícil: siendo viuda y extranjera, lo único disponible para ella sería

INVESTIGACIONES BÍBLICAS

vivir de limosnas y quedarse sola de por vida. Pero a pesar de todas estas dificultades Rut decidió quedarse con Noemí. Cuando Rut se quedó con Noemí, también se quedó con su Dios. Rut eligió al Dios de Israel. Además, es importante que entendamos que para los israelitas ser del pueblo de Dios era una cuestión de origen. Debían pertenecer al linaje judío para ser parte del pueblo. No se podía unir a la familia de Dios sin cumplir estos requisitos. Realmente Rut renunció a su vida completa por su suegra, sin importarle si la sociedad a donde iban la rechazaba.

Aquí vemos dos cosas sorprendentes:
1-Noemí era judía, sus nueras eran moabitas. Noemí debió haber dado un testimonio de su relación con Dios: tal vez su vida reflejaba una relación con Dios diferente, y su manera de conducirse para agradarlo a Él debió haber sido evidente. Tal vez Noemí le contaba las interesantes historias del pueblo de Israel y esto cautivó el corazón de Rut. No lo sabemos, pero algo tuvo que hacer Noemí para que una extranjera que no tenía conocimiento del Señor ni de sus mandamientos se sintiera atraída a cuidar de ella como si fuera su propia madre.

2- Rut hace una declaración de compromiso no sólo ante Dios sino ante su suegra. Esta no fue una declaración cualquiera, necesitamos entender lo que estaba haciendo Rut. Ella estaba renunciando a su futuro, a su vida, a su familia y herencia. Lo dejó todo. Lo interesante fue que lo hizo para seguir a su suegra y a su Dios. La honra sincera que Rut le ofrece a Noemí y al Señor, resulta en honra de parte de Dios hacia Rut, ya que restaura su vida y la de su suegra. Más adelante veremos la historia completa y el desenlace de amor que surge en la vida de Rut.

Terminamos esta introducción con otro dato importante. ¿Recuerdas a Rahab? Es nuestra Agente "D" que en Jericó ayudó a los dos espías y les salvó la vida. Ella y su familia fueron los únicos sobrevivientes en Jericó y fueron adoptados dentro del pueblo de Dios. Pues bien, Rahab era la mamá de Booz, quien se casa finalmente con Rut. ¿Te imaginas eso? En el plan de Dios nada es imposible: cuatro generaciones después de Booz, nacería, el rey David. Dios les rescató y les usó para establecer el linaje de donde vendría nuestro Salvador, Jesucristo.

Misterios por resolver:
Esta es una gran investigación ya que nuestra Agente "D" renuncia a toda su vida para dedicarse a cuidar a su suegra y seguir al pueblo de Dios.
¿Por qué Rut renunciaría a todo para cuidar a su suegra?
¿Cuidarías tú a alguien?
¿Por qué empezó Rut a trabajar diariamente recogiendo grano?
¿Por qué Rut quedó sola y abandonada?

Esto y más investigaremos hoy pero antes vamos a nuestro espacio "D".

ESPACIO "D"
Nuestra sección para jugar con propósito
Juego: La Caja Misteriosa

Materiales:
Cajas medianas
Diferentes semillas
Cinta adhesiva
Marcadores.

Preparación:
Divide a la clase en dos grupos (niñas y niños) y elige a cuatro participantes por grupo. Toma las cajas, y ciérralas con cinta y en uno de los constados haz un círculo lo suficientemente grande

INVESTIGACIONES BÍBLICAS

como para que los chicos puedan meter su mano. Cubre el círculo por fuera con un pedazo de tela o papel para que no puedan ver lo que hay adentro. Luego consigue un tipo de semilla diferente para cada caja: pueden ser de aguacate, de mostaza, de maíz, de frijol, de girasol, etc. La idea del juego es que el participante usando solo el tacto descubra qué semilla es. Permite que los grupos participantes se sienten en círculo y que uno por uno tengan la oportunidad de pasar y únicamente con el tacto intentar adivinar qué tipo de semilla es. Luego pueden conversar sobre los frutos y granos que les gustan.

Material: Sopa de letras

DESCARGA EL MATERIAL COMPLEMENTARIO EN
WWW.E625.COM/LECCIONES

EXPEDIENTES

Cápsula de sabiduría para el maestro

Somos llamados a ser "sembradores" y nuestra principal tarea es lanzar semillas de la Palabra en cada oportunidad que estemos frente al buen terreno del corazón de los niños. Y como sembradores sabemos que tomará su tiempo ver crecer la semilla, pero estaremos confiados sabiendo que ahí, bajo la tierra, algo está sucediendo. Dios está trabajando y un día veremos el fruto de la siembra. Recuerda llenarte de paciencia para saber esperar el tiempo en que se cumplirá lo esperado, como dice la Palabra, "sigan el ejemplo de los que por fe y con paciencia heredan las promesas de Dios". Hebreos 6:12.

MANUAL DEL AGENTE

Nuestro pasaje bíblico

Materiales:
- Una caja cuadrada

- Papel para forrar la caja
- Marcadores, crayones, pintura, etc.
- Figuras o accesorios representativos de cada escena

El libro de Rut tiene solamente cuatro capítulos, de manera que puedes resumir lo más sobresaliente de cada uno de ellos y compartir la historia en cuatro escenas. Te recomendamos que hagas una lectura completa del libro de Rut para que puedas tener todo el contexto de la historia al momento de presentarla a los niños y para poder responder posibles preguntas. A continuación, te presentamos algunos pasajes que es conveniente resaltar en el relato:

Rut la moabita
Caja - Lado 1: Rut 1
Materiales para la escena:
 -Figuras de Elimelec, Noemí, sus dos hijos (Mahlon y Quelión) y las dos nueras (Orfa y Rut).
 -Velcro

Hace mucho tiempo hubo una época de hambre en Belén de Judá. Elimelec, quien vivía allí, decidió viajar a Moab para que su familia no sufriera de hambre. Salieron de Belén Elimelec, su esposa Noemí y sus dos hijos Mahlón y Quelión. (Pega las figuras de toda la familia en el lado 1 de la caja usando velcro). No se detalla mucho sobre su tiempo en Moab, pero asumimos que vivían bien, por lo que permanecieron allí diez años. Los dos hijos se casaron con mujeres moabitas, Orfa y Rut. La Biblia no nos da detalles, pero nos cuenta que murió Elimelec y tiempo después murieron sus dos hijos, dejando solas a Noemí y a sus dos nueras Orfa y Rut. Después de un golpe tan duro, Noemí decide regresar a Belén de Judá, así que les dice a sus nueras: "Hijas tienen la vida por delante, pueden volver a casarse y rehacer su vida, vayan a casa de sus padres y empiecen de nuevo". Las tres lloraron y Orfa se despidió con un beso y se fue, pero Rut no quiso irse, ella le respondió con determinación a Noemí:

INVESTIGACIONES BÍBLICAS

DEL ANTIGUO TESTAMENTO

"No me pidas que te deje y me aparte de ti; adondequiera que tú vayas iré yo, y viviré donde tú vivas; tu pueblo será mi pueblo, y tu Dios será mi Dios. Quiero morir donde tú mueras, y ser sepultada allí. Y que Dios me castigue si no cumplo mi promesa. Nada nos separará, ¡ni siquiera la muerte!". Rut 1:16-17.

Caja - Lado 2: Rut 2
Materiales para la escena:
-Ramillete de trigo
-Cuerda

Desde que llegaron a Belén de Judá, Rut se levantó temprano y pidió a su suegra que le dejara ir a recoger granos para comer. Rut no se sintió intimidada por estar en una tierra extraña, sino que se levantó pensando en cómo podían comer ella y su suegra. Ellas llegaron durante el tiempo de la cosecha que duraba aproximadamente dos meses; Rut buscó diligentemente y encontró un campo que se estaba cosechando y empezó a recoger los granos que los cosechadores dejaban caer en el camino. (Usando la cuerda amarra el ramillete de trigo en el lado 2 de la caja).

Ese día el dueño del campo llegó y a la distancia vio a una mujer recogiendo grano y preguntó quién era. Cuando supo que era Rut, le habló y la alabó porque todos en la ciudad sabían que había dejado todo para cuidar de su suegra y le dijo que no buscara otros campos, sino que recogiera en el suyo porque nadie se lo impediría. Ese día Rut regresó con una porción de grano y de comida para ella y su suegra.

Caja - Lado 3: Rut 3
Materiales para la escena:
- Figuras de Rut y Booz
-Velcro

Noemí, amaba a Rut y deseaba que ella tuviera un hogar. Después de un tiempo, al observar que Rut hallaba gracia delante de Booz, le explicó que en el pueblo judío cuando un hombre moría y dejaba a una viuda, un pariente cercano podía casarse con ella para atender de ella y darle descendencia a su familiar. Booz era pariente de la familia de Noemí de manera que él podía redimir a Rut y casarse con ella. Como Booz era un hombre mayor, Noemí le explicó a Rut qué debía hacer para cumplir con los requisitos y poder casarse con Booz. Así que Rut obedeció a su suegra que era muy sabia y siguió sus instrucciones. Por su parte Booz, quien amaba a Rut, siguió las instrucciones de la ley para hacer lo correcto y poder casarse con ella. (Usando el velcro pega las figuras de Rut y Booz en el lado 3 de la caja).

Caja - Lado 4: Rut 4
Materiales para la escena:
- Figura de una sandalia
- Imagen de un anillo de compromiso

Booz fue a arreglar todas las cosas para tener realmente los derechos para casarse con Rut. ¿Sabías que en aquellos tiempos para confirmar la redención o traspaso de una propiedad en Israel, una de las partes contratantes se quitaba una sandalia y se la daba a la otra? Así se acostumbraba a legalizar los contratos en Israel.

Asi que Booz después de hablar con los parientes de Rut, y frente a testigos recibió la sandalia que le daba el derecho a casarse y redimir a Rut. De esta forma, esta historia que inició con tragedia y dolor, tiene un fin lleno de amor y felicidad. Booz se casó con Rut y tuvieron un hijo al que le llamaron Obed, el cual trajo mucho gozo a Rut, a Booz y especialmente a Noemí, quien sintió su corazón sano y libre de dolor al poder criar a este niño que su nuera le daba. Ella glorificó el nombre del Señor. (Usando el velcro pega las figuras de la sandalia y el anillo de compromiso en el lado 4 de la caja).

Cierre:
Nuestra Agente "D", Rut, nos deja muchas lecciones:

INVESTIGACIONES BÍBLICAS

1-Decidió cuidar desinteresadamente de su suegra.
2-Renunció a sus padres, a su cultura y a sus dioses para seguir a su suegra, su cultura y su Dios. Rut no solo siguió a su suegra, lo realmente valioso es que Rut siguió al Dios de Israel.
3.-Rut fue trabajadora y proactiva, no se quedó sentada viendo qué iba a pasar, sino que se levantó para buscar sustento para ella y su suegra y Dios la ayudó.
4-Dios guio a Rut al campo correcto y después que ella lo honró, Dios decidió honrarla también y restaurar su vida, su matrimonio y su descendencia.

Tu misión, si decides aceptarla, es tomar la historia de Rut como guía para desarrollar un corazón de lealtad y amor para Dios, y estar siempre dispuesto a servir desinteresadamente a otros, sabiendo que Dios a Su tiempo traerá justa recompensa.

BITÁCORA DE LABORATORIO

¿En qué podemos comparar este pasaje con las situaciones que vivimos en nuestros días?

Realmente no percibimos la magnitud de lo que hizo Rut. Renunció a su futuro y a su vida completa con una actitud totalmente desinteresada: realmente buscaba el bien de su suegra. Se propuso no dejarla sola y trabajar duro para que ella estuviera bien.

El amor de Rut para con Noemí fue genuino, desinteresado y radical. Este desinterés es el ingrediente clave para las amistades verdaderas. Todo lo que Rut hizo, lo hizo buscando el beneficio de Noemí. Ella puso a un lado sus sueños y deseos. Así es la verdadera amistad.

"Nadie tiene más amor que el que da la vida por sus amigos". (Juan 15:13).

Poner nuestra vida a un lado implica dar un amor sacrificial que fluye diariamente, mientras llevamos unos las cargas de los otros.

Expediente #1: Renunciar

Renunciar significa dejar voluntariamente algo que se posee o a lo que se tiene derecho. Eso fue lo que hizo nuestra Agente "D": dejó toda su vida y se enfocó en ayudar a su suegra. Con frecuencia nuestro enfoque está en nosotros mismos y no pensamos en los demás. Todas nuestras decisiones siempre van enfocadas en lo que quiero y en lo que es mejor para mí. Además, vivimos en un mundo que alimenta el egoísmo y el egocentrismo; hoy no es fácil encontrar personas que quieran renunciar a sus derechos para ayudar a otro.

Renunciar

Esta historia nos habla de renunciar por amor a otro. ¿A qué puedes renunciar para ayudar a alguien? Piensa un momento en algo que amas mucho, algo que valoras tremendamente a lo que pudieras renunciar para ayudar a alguien a tener un mejor día, o una mejor calidad de vida. ¿A qué renunciarías? Si no viene algo a tu mente puedes orar: "Muéstrame Señor a qué puedo renunciar para ayudar a otros". También puedes pedir consejo a tus padres o maestros en la iglesia para tener ideas de qué puedes hacer. La Biblia dice que en los muchos consejos está la sabiduría. Rut fue una mujer que escuchó el consejo de su suegra y lo obedeció. Haz tú lo mismo: pide consejo a tus padres y sigue sus instrucciones, de seguro como Rut a su tiempo serás recompensado.

INVESTIGACIONES BÍBLICAS

Expediente #2: Suegra

Rut nos enseña lealtad y servicio. Ella decidió servir a su suegra y ese acto de amor hacia ella le cambió su futuro sin esperanza. ¿Alguna vez has visto a alguien hacer un acto de servicio que le ha cambiado la vida a alguien? Sin duda esta historia nos muestra el valor de un corazón leal y humilde.

1. Ser humilde implica que renuncio a mis intereses para dar preferencia a los de los demás.

2. Rut no fue perezosa, sino que fue diligente a la hora de buscar su sustento, y con esta actitud honró a su suegra y a Dios.

3. Su corazón leal y servicial le llevo a tener buen nombre con la gente de la ciudad. ¿Qué significa tener "buen nombre"?

4. Como resultado de todo lo anterior, el Señor restauró a Rut con bendición abundante.

> **Sin Suegra**
> Tú aún no tienes suegra, pero puedes encontrar otro familiar. Sin importar tu edad, puedes encontrar alguien en tu casa a quien puedas ayudar o servir con actos pequeños pero significativos. ¿Quién en tu casa podría ser beneficiado si le ayudas o le sirves como lo hizo Rut? Pueden ser tus abuelos, tus padres, tus hermanos, etc.

ARCHIVO DE EXPERIMENTOS

Manos a la obra

Materiales:
- Frascos con tapa (uno para cada niño)
- 30 papelitos o post-it pequeños (para cada niño)
- Lapiceras
- Etiqueta con el título: Lenguaje del amor: "Actos de Servicio"

Explicación: en este tiempo armaremos nuestro frasco de "Actos de servicio". Cada niño recibirá un frasco, una etiqueta y treinta papelitos o post-it pequeños.

1. Decoraremos la etiqueta y se la pegaremos al frasco.
2. Escribiremos en cada papelito un acto de servicio que podemos hacer para ayudar a alguien en casa, la escuela o la iglesia.
3. Doblaremos los papelitos y los pondremos a todos en el frasco (serán treinta para tener algo para cada día del mes).
4. Los llevaremos a casa y cada mañana sacaremos uno de estos poderosos papelitos y nos esforzaremos por cumplirlo de la mejor manera en casa, en la escuela y/o en la iglesia.

Nota: Con este sencillo frasquito tú puedes animar a tus niños a desarrollar una vida de servicio continuo. Los frascos puedes comprarlos o reciclarlos, o puedes pedir a los niños que cada uno traiga su frasquito del tamaño que tú les sugieras. Otra manera de decorarlo puede ser usando pinturas de vitral y que cada alumno cree su propia obra de arte en vidrio.

PIES DE AGENTE...
...siguiendo Sus pasos

Versículo para memorizar:
"No me pidas que te deje y me aparte de ti".
Rut 1:16

Materiales:
- Portarretratos de cartón (uno para cada niño)
- Versículo impreso (uno para cada niño)
- Marcadores o pintura
- Stickers

Explicación:
entrega a cada chico un portarretrato y un versículo impreso. Coloca a su disposición calcomanías, marcadores o pintura para

# INVESTIGACIONES BÍBLICAS

que decoren a su gusto el marco. Mientras lo hacen intentarán memorizar el versículo de la lección. -La misión para nuestros pies de agente es buscar una foto de la persona a la que estarán sirviendo o ayudando y ponerla en el portarretrato para que estén orando intencionalmente por ella para que Dios le bendiga y les dé un futuro lleno de alegría. Repitan varias veces el versículo y si el tiempo lo permite, pregunta quiénes ya saben qué foto pondrán en el marco.

Material complementario:

AGENTES EN LA RED | MISIÓN MUNDIAL

DESCARGA EL MATERIAL COMPLEMENTARIO EN
WWW.E625.COM/LECCIONES

INVESTIGACIONES
BÍBLICAS
DEL ANTIGUO TESTAMENTO

EPISODIO 12
MALAQUÍAS

AGENTES "D"

EPISODIO 12 MALAQUÍAS

FACTOR "C"
Un dato científico, cultural o contextual

Malaquías predicó después de Hageo, Zacarías y Nehemías, alrededor del año 430 a.C. Con este libro Dios cierra el canon del Antiguo Testamento histórica y proféticamente, ya que después de este último mensaje transcurre un silencio de cuatrocientos años hasta que llega Juan el Bautista, cumpliendo la profecía de Malaquías al preparar el camino del Mesías. (Malaquías 3:1 y 4:5-6). En este libro el profeta le habla al pueblo escogido por Dios acerca de su desobediencia, que empezó con los sacerdotes y se extendió a todo el pueblo. Puntualmente les reprende por faltar el respeto a las ofrendas al ofrecer animales enfermos o imperfectos, faltando así a la instrucción que Dios le dio al sacerdote Leví.

En Levítico 5, 6 y 7 se detallan las instrucciones para los sacrificios y Levítico 1:3 y 5:15 establece que los sacrificios deben hacerse con animales en perfectas condiciones. Lo que sucedía era que un animal con defecto era más barato y el pueblo en lugar de comprar una ofrenda al costo completo, se ahorraba alguna suma si compraba un animal con defecto.

> También el pueblo falló al no practicar el apartar y traer al templo el diezmo, de tal manera que ellos mismos trajeron la maldición espiritual con sus actos de desobediencia. (Malaquías 3:6-15).

Por último, el pueblo empezó a buscar maneras de divorciarse de sus esposas judías para poder casarse con mujeres de otras culturas que no eran del pueblo de Dios.

El mensaje de Malaquías es fuerte e incluye el gran amor que Dios le tiene a Su pueblo. Tanto en este tiempo como ahora, Dios ama a las personas porque Él las creó, pero sus recompensas eternas son solo para los que le son fieles y siguen Sus mandamientos.

INVESTIGACIONES BÍBLICAS

DEL ANTIGUO TESTAMENTO

El capítulo 3 nos muestra un detalle muy valioso ya que Malaquías profetiza sobre dos personas muy importantes:

"Presten atención a lo que el Señor Todopoderoso dice: 'Yo enviaré a mi mensajero delante de mí, para que me prepare el camino. Entonces el Señor, a quien buscan, vendrá repentinamente a su templo. Sí, vendrá primero el mensajero que anuncia la alianza de Dios, a quienes ustedes desean'". Malaquías 3:1

La primera persona importante es el primer mensajero: Juan el Bautista, (Mateo 11:10 y Lucas 7:27) ya que es él quien prepara el camino y profetiza después de cuatrocientos años de silencio.

Y la segunda persona importante es el segundo mensajero: Jesús, quien vino a buscarnos y a dar su vida por nosotros. (Mateo 17:10-13, Lucas 1:17).

Misterios por resolver:

Esta es sin duda una buena exploración que demuestra una fe inquebrantable. ¿Cuál fue la reacción de Malaquías al ver la actitud y falta de compromiso de los sacerdotes? ¿Cómo les habló a los sacerdotes del pueblo? ¿Con paciencia o con autoridad?

Esto y más investigaremos hoy, pero antes vamos a nuestro espacio "D".

ESPACIO "D"
Nuestra sección para jugar con propósito

¿Quién soy yo?:

Materiales: -Usaremos la metodología del juego conocido como "Headbanz" o "¿Quién soy?" (si no lo conoces busca información en internet, es muy sencillo).

-Si tienes acceso al juego puedes utilizar las bandas plásticas del mismo.

EPISODIO 12 MALAQUÍAS

-Si no tienes acceso al juego, puedes fabricar cintas de cartón o elásticas a manera de corona o vincha para que puedas colocar en ellas la tarjeta del juego.
-Tarjetas con las siguientes imágenes:
-Animales de la selva: Rinoceronte, Cebra, Elefante
-Frutas tropicales: Piña o Ananá, Mango, Sandía
-Medios de transporte: Tren, Barco, Bicicleta

Explicación:
El maestro escoge a tres participantes y éstos se colocan las bandas o vinchas en sus cabezas. Sin mirar, ponen entre la frente y la vincha una de las tarjetas de manera que solo el resto de la clase puede ver el nombre que está en la tarjeta. Luego, de a uno por vez, los participantes le piden pistas a la clase para poder adivinar cuál es la figura que tienen en sus cabezas. Pueden preguntar, por ejemplo: ¿Soy grande o pequeño? ¿Soy una cosa o un ser vivo? ¿Soy amable o peligroso?, etc.,
Puedes variar el número de participantes y de rondas según el tiempo que tienes para tu clase. El primero que adivina es el ganador.

Material: Sopa de letras

DESCARGA EL MATERIAL COMPLEMENTARIO EN
WWW.E625.COM/LECCIONES

INVESTIGACIONES
BÍBLICAS
DEL ANTIGUO TESTAMENTO

EXPEDIENTES
Cápsula de sabiduría para el maestro

Como maestros debemos ver el valor de incluir la música dentro de nuestras clases y dentro de nuestras técnicas de enseñanza. Todos los seres humanos retenemos con mayor facilidad aquello

INVESTIGACIONES BÍBLICAS

que aprendemos cantando. Aun sin proponérnoslo podemos memorizar una canción solo con escucharla varias veces. Sin duda el usar música para enseñar los versículos nos facilitará la memorización y muy seguramente nuestras clases serán más divertidas. Anímate a cantar con tu clase; no se trata de ser estrellas de canto sino de aprovechar la música para hacer de nuestras clases aventuras inolvidables.

MANUAL DEL AGENTE
Nuestro pasaje bíblico

Ideas para el relato:

Materiales:
-Utiliza las mismas bandas del juego de introducción, pero esta vez haz 5 tarjetas que digan: Profeta, Sacerdote, Pueblo, Dios y Mensajero.
-Prepara también 5 fichas de tamaño media carta en la que escribirás un texto para que lea cada personaje, mientras presentas el relato bíblico.

A continuación, te presentamos los textos que escribirás en cada ficha.

1-Para que lea el niño que tiene la tarjeta de Profeta:
"Miren, antes de que llegue mi día de juicio, que será un día muy impactante, yo les enviaré otro profeta como Elías. Su predicación hará que los padres y los hijos se reconcilien, que lleguen a compartir las mismas buenas intenciones y sean impulsados por las mismas buenas motivaciones". Malaquías 4:5-6ª.

2- Para que lea el niño tiene la tarjeta de Sacerdote:
"Los sacerdotes deberían encargarse de dar a conocer al pueblo mis instrucciones, y estar siempre dispuestos a enseñar las cosas buenas

que yo quiero mi pueblo realice. ¡Ellos son los mensajeros del Señor Todopoderoso! Pero ustedes en realidad han hecho lo contrario, con sus malos consejos y ejemplos han hecho que muchos se descarríen y hagan muchas cosas malas. Ustedes han hecho que el convenio que hice con Leví no valga nada. Lo digo yo, el Señor Todopoderoso. Por eso yo los he hecho despreciables a los ojos de todo el pueblo, porque no me han obedecido, y no han aplicado la ley en forma equitativa para todos". Malaquías 2:7-9.

3- Para que lea el niño que tiene la tarjeta de Pueblo:

"En Judá, en Israel y en Jerusalén hay traición, porque los hombres de Judá han contaminado el santo templo del Señor que él tanto ama, al haberse ellos casado con mujeres paganas que adoran ídolos. ¡Ojalá el Señor Todopoderoso expulse de su pueblo hasta el último hombre que haya hecho esto, así sea alguien que crea muy santo y le presenta ofrendas! Además, ustedes bañan el altar con sus lágrimas porque el Señor no hace caso ya de sus ofrendas, y ustedes no reciben más su bendición". Malaquías 2:11-13.

4- Para que lea el niño que tiene la tarjeta de Dios:

"Porque yo, el Señor, no cambio. Por esta razón ustedes no han sido completamente destruidos, porque mi misericordia dura para siempre, aunque ustedes sean tan volubles. Aunque desde hace mucho tiempo ustedes han despreciado mis instrucciones, aún tienen la oportunidad de dirigirse a mí. ¡Diríjanse a mí y yo los perdonaré! Lo digo yo, el Señor Todopoderoso". Malaquías 3:6-7.

5- Para que lea el niño que tiene la tarjeta de Mensajero:

"Presten atención a lo que el Señor Todopoderoso dice: «Yo enviaré a mi mensajero delante de mí, para que me prepare el camino. Entonces el Señor, a quien buscan, vendrá repentinamente a su templo. Sí, vendrá primero el mensajero que anuncia la alianza de Dios, a quienes ustedes desean". Malaquías 3:1.

Explicación:

Escoge a cinco chicos para que participen en el juego y colócales a cada uno una banda y una tarjeta (Profeta, Sacerdote, Pueblo, Dios y Mensajero) sin que ellos sepan cuál es. Entrégale también a cada uno la ficha con el texto que le corresponda según su personaje. (En la ficha solo debe estar el texto, no el nombre del personaje).

Relato: Malaquías habla al Pueblo

Ronda#1: ¿Quién soy yo? - PROFETA
1. Inicia llamando primero al niño que tiene en la frente la palabra "Profeta", una vez más, no debe saber lo que dice su tarjeta.
Haz la dinámica que hiciste con el juego al inicio de la clase; para este momento será más rápido pues ya conocen cómo se hace.
2. Una vez que descubra que la palabra es "Profeta", pídele que lea el texto de la tarjeta que le entregaste.
3. Relata una descripción de lo que Malaquías dice del profeta. Puedes decir algo así:
Como aprendimos en la última clase, después de que el pueblo reconstruyó el templo y el muro de Jerusalén y pasó la época de Esdras y Nehemías, el Señor envió a Malaquías, quien fue el último profeta que Dios usó para hablarle a su pueblo. Después de esto Dios guardó silencio por cuatrocientos años hasta que vino Juan el Bautista para preparar el camino de Jesús, el Mesías.

Ronda#2: ¿Quién soy yo? - SACERDOTE
1. Llama ahora al niño que tiene en la frente la palabra "Sacerdote". Una vez más, no debe saber lo que dice su tarjeta y se repite la dinámica de juego.
2. Una vez que descubra que la palabra es "Sacerdote", pídele que lea el texto de la tarjeta que le entregaste.
3. Relata una descripción de lo que Malaquías dice del sacerdote. Puedes decir algo así:
Después de ver al templo y el muro listos, los sacerdotes se entusiasmaron al ver que las profecías que habían recibido se estaban cumpliendo. Pero luego de ver pasar casi cien años, y de ver que sus enemigos seguían atacándoles y que el Mesías no llegaba,

se desanimaron grandemente y se empezaron a volver apáticos a obedecer los mandamientos que Dios les dio a través de Moisés en el monte Sinaí. Gradualmente los sacerdotes empezaron a ser flexibles y permitieron que los sacrificios no fueran de animales perfectos sino defectuosos; ya no hacían énfasis en que el pueblo debía dar su diezmo y permitían el divorcio para que los israelitas se casaran con mujeres de otras culturas que adoraban a otros dioses.

Ronda#3: ¿Quién soy yo? - PUEBLO
1.Llama al niño que tiene en la frente la palabra "Pueblo", una vez más, no debe saber lo que dice su tarjeta y se repite la dinámica de juego.
2.Una vez que descubra que la palabra es "Pueblo", pídele que lea el texto de la tarjeta que le entregaste.
3.Relata una descripción de lo que Malaquías dice del pueblo.
Puedes decir algo así:
Lo peligroso de empezar a enfriarnos no sólo es que dejamos de leer la Biblia y dejamos de buscar hacer lo que agrada al Señor, sino es que también empezamos a ser atraídos a hacer las cosas que agradan a nuestra carne más que a nuestro espíritu. El pueblo de Israel se convirtió en un pueblo religioso que hacía sacrificios y daba ofrendas como quería y vivía de la manera que consideraba que merecían. Sin darse cuenta empezaron a alejarse del Señor y a vivir como los pueblos paganos y ya no como el pueblo escogido por Dios.

Ronda#4: ¿Quién soy yo? - DIOS
1.Llama al niño que tiene en la frente la palabra "Dios", una vez más, no debe saber lo que dice su tarjeta y se repite la dinámica de juego.
2.Una vez que descubra que la palabra es "Dios", pídele que lea el texto de la tarjeta que le entregaste.

3.Relata una descripción de lo que Malaquías dice acera de Dios.
Puedes decir algo así:

Nosotros buscamos y servimos a un Dios maravilloso, que nunca cambia sino que siempre permanece fiel. Él nunca rompe sus promesas y Su amor por Su pueblo es eterno. Es más, el libro comienza con Dios diciéndole al pueblo: "Te he amado con amor profundo". (1:2). Y aunque Malaquías busca hacerles cambiar una manera de vivir que no agrada a Dios, el libro contiene la promesa maravillosa de Dios a Su pueblo: "Vuélvanse a mí, y yo me volveré a ustedes". (3:7).

Ronda#5: ¿Quién soy yo? - MENSAJERO

1.Llama al último al niño que tiene en la frente la palabra "Mensajero", una vez más, no debe saber lo que dice su tarjeta y se repite la dinámica de juego.

2.Una vez que descubra que la palabra es "Mensajero", pídele que lea el texto de la tarjeta que le entregaste.

3.Relata una descripción de lo que Malaquías dice acerca del mensajero.

Puedes decir algo así:

Lo que la Biblia dice en Malaquías 3:1 es que el Señor iba a enviar dos "mensajeros". El primero prepararía el camino del Mesías, y fue Juan el Bautista. El segundo mensajero sería el Mesías a quien el pueblo buscaba; este segundo mensajero fue Jesús.

Dios nunca falla a sus promesas porque "Dios no es hombre para que mienta; él no se arrepiente como los hombres". (Números 23:19); aunque nuestro tiempo casi nunca coincide con los tiempos de Dios debemos esperar con paciencia sabiendo que Dios es fiel a lo que promete.

Cierre:

En esta historia nuestro Agente "D" fue Malaquías, y lo que lo convirtió en ese agente fue que:

1-Comunicó con valentía y con firmeza la Palabra del Señor a Su pueblo.

2-Les llamó la atención a los sacerdotes encargados de dirigir al pueblo en la Palabra y en la manera correcta de honrar y vivir para Dios.

3.-Sin temor le recordó al pueblo la manera correcta de presentar sacrificios, de diezmar y de vivir el matrimonio como agrada al Señor.

4-Declaró la poderosa promesa del Mesías y Su mensajero que vendría a preparar su camino.

Tu misión, si decides aceptarla, es: responder al llamado de ser una "voz" que anuncia el regreso de Jesús. Vístete de valentía y cada vez que tengas la oportunidad, habla a otros con firmeza como lo hizo Malaquías y sé un mensajero de buenas noticias para este milenio.

BITÁCORA DE LABORATORIO

¿En qué podemos comparar este pasaje con las situaciones que vivimos en nuestros días?

Malaquías vivió en una época de la historia en la que el pueblo de Dios vivía tan mezclado con las naciones paganas que ya se había acostumbrado, y estaba imitando las prácticas de sus vecinos, alejándose de lo que Dios les pedía como Su pueblo. Al pasar el tiempo ellos mismos fueron enfriándose más y más, y su estado espiritual fue cada vez más apático y alejado de Dios.

Expediente # 1: Aviva el fuego

Cuando encendemos una fogata se necesita que estemos echando leña constantemente para que el fuego no se apague. En 2 Timoteo 1:6 Pablo le dice a Timoteo: "Por eso te aconsejo que avives la llama del don que Dios te dio cuando puse las manos sobre ti". En nuestra vida espiritual ocurre lo mismo que en una fogata: necesitamos

INVESTIGACIONES BÍBLICAS

hacer cosas intencionales que permitan que nuestra llama interna no se apague. Piensa un momento, ¿qué cosas haces diariamente para mantener esa llama encendida en tu interior?

Expediente # 2: ¡Diezmo!

El Señor estableció el diezmo a través de Moisés cuando liberó al pueblo de Egipto (Levítico 27:30 y Deuteronomio 12:17) y desde entonces el pueblo de Dios se distingue por devolverle el diez por ciento de lo que recibe en gratitud por sus bendiciones. Aunque seamos chicos y no trabajemos es un momento excelente para empezar a diezmar. ¿Entregas a Dios tu diezmo?

Expediente # 3: Lo que imitas

El mensaje con el que termina el Antiguo Testamento es claro y fuerte. El pueblo, aunque vivía en medio de muchas naciones paganas, no debía imitarlas, sino que tenía que permanecer fiel a la Palabra para vivir como pueblo de Dios. Piensa: ¿qué cosas haces que son diferentes a las cosas que hacen tus amigos y que demuestran que amas a Dios?

Aviva el fuego:
Piensa en dos cosas que haces casi todos los días que te ayudan a mantenerte conectado con Dios y que mantienen tu llama interna encendida. ¿Cuáles son esas cosas?

¡Diezmo!
Piensa un momento en el dinero que recibes de tus padres, abuelos, etc. y calcula con la ayuda de tu maestro el diezmo que le corresponde a Dios. ¿Cuánto le corresponde a Dios? ¿Estás dispuesto a dárselo fielmente?

Lo que imitas
Piensa en las personas a las que imitas, ¿aman ellos a Dios y a Su Palabra? ¿Tus mejores amigos aman a Dios? ¿Pueden tus amigos decir que tú amas a Dios?

Sin duda esta historia nos muestra a un Agente "D" que nos deja ejemplos clave:

1. No tuvo temor de declarar la Palabra de Dios.
2. Le recordó al pueblo de la fidelidad de Dios.
3. Les recordó que, si hacían un sacrificio, se debía hacer con animales perfectos y no defectuosos, aunque éstos fueran más baratos, porque hacerlo ofendía a Dios.
4. Les motivó a no dejar de entregar el diezmo.
5. Les dio la promesa de que el Señor enviaría al Mesías tan esperado.

ARCHIVO DE EXPERIMENTOS
Manos a la obra

Portadores del mensaje.

Materiales: Una hoja de cartulina para cada estudiante

Explicación:
Cada niño recibe una hoja de cartulina y debe escribir en ella un mensaje para que el mundo conozca de Jesús. Anima a los chicos a ser creativos, usando algunas de las siguientes ideas:

1. Haz algo usando los colores de la salvación;
Amarillo: hay un lugar en el cielo preparado por Dios para ti y para mí.
Negro: pero el pecado nos separa de Dios y nos impide llegar al cielo.
Rojo: la sangre de Jesús lavó nuestros pecados.
Blanco: nuestro corazón ha sido limpiado y hecho nuevo.
Azul: el Espíritu Santo está con nosotros
Verde: para ayudarnos al crecimiento de nuestra relación con Dios.

INVESTIGACIONES BÍBLICAS

DEL ANTIGUO TESTAMENTO

2. Usa símbolos representativos del mensaje que quieres anunciar. Por ejemplo: un corazón herido, la cruz, un corazón feliz, el mundo etc. Y usa cada símbolo o imagen para explicar tu mensaje.

3. Escribe un versículo que hable del mensaje de salvación que quieres llevar, por ejemplo: Juan 3:16.

Al terminar tu diseño o mensaje, enrolla la hoja para formar el altavoz con el que predicarás la buena noticia de salvación. Asegúralo usando ganchos o cinta.

PIES DE AGENTE...
...siguiendo Sus pasos

Versículo para memorizar:
> *"Vuélvanse a mí, y yo me volveré a ustedes— dice el Señor Todopoderoso".*
> *Malaquías 3:7b NVI*

Opción#1:
Materiales:
- Tiras de cartón o cartulina (1 por cada niño)
- Retazos pequeños de tela (1 por cada niño)
- Papeles pequeños para escribir el versículo (1 por cada niño)
- Cajitas de fósforos vacías (1 por cada niño)
- Pegamento

Explicación:
En Deuteronomio 6:8 el Señor le instruyó al pueblo que la Palabra debía ser parte de su vida diaria y que la deberían tener siempre a la vista. El pueblo de Israel fue tan literal que colocaba bandas de cuero en su frente y en su brazo y con ellas amarraba cajitas donde colocaba lienzos de cuero que tenían escrito pasajes de la Escritura.

Actividad:

Entrega a cada chico los materiales para la manualidad. Deben pegar la cajita de fósforos en la banda de cartón. En el papelito escribirán el versículo, lo esconderán en la tela y esto será puesto dentro de la cajita. Explícales cómo los Israelitas se amarraban estas banditas con la Palabra en su cabeza y en su brazo. Pídeles que ellos se coloquen de la misma manera la tira de papel que han armado; pueden colocarla en su cabeza o en el brazo. Aprovecha para tomar una foto con la clase.

Opción#2:
Materiales:
-Tira de cartulina (1 por cada chico)
-Lapiceras o marcadores
-Cinta adhesiva transparente

Actividad:

Entrega a cada chico una tira de cartulina y los marcadores y dales tiempo para escribir el versículo en la tira de papel. Cuando ya todos estén listos, ayúdales a que se la pongan en la cabeza y asegúrala con la cinta adhesiva.

Material complementario:

AGENTES EN LA RED | MISIÓN MUNDIAL

DESCARGA EL MATERIAL COMPLEMENTARIO EN
WWW.E625.COM/LECCIONES

INVESTIGACIONES BÍBLICAS
DEL ANTIGUO TESTAMENTO

ALGUNAS PREGUNTAS QUE DEBES RESPONDER:

¿QUIÉN ESTÁ DETRÁS DE ESTE LIBRO?

Especialidades 625 es un equipo de pastores y siervos de distintos países, distintas denominaciones, distintos tamaños y estilos de iglesia que amamos a Cristo y a las nuevas generaciones.

¿DE QUÉ SE TRATA E625.COM?

Nuestra pasión es ayudar a las familias y a las iglesias en Iberoamérica a encontrar buenos materiales y recursos para el discipulado de las nuevas generaciones y por eso nuestra página web sirve a padres, pastores, maestros y líderes en general los 365 días del año a través de **www.e625.com** con recursos gratis.

¿QUÉ ES EL SERVICIO PREMIUM?

Además de reflexiones y materiales cortos gratis, tenemos un servicio de lecciones, series, investigaciones, libros online y recursos audiovisuales para facilitar tu tarea. Tu iglesia puede acceder con una suscripción mensual a este servicio por congregación que les permite a todos los líderes de una iglesia local, descargar materiales para compartir en equipo y hacer las copias necesarias que encuentren pertinentes para las distintas actividades de la congregación o sus familias.

¿PUEDO EQUIPARME CON USTEDES?

Sería un privilegio ayudarte y con ese objetivo existen nuestros eventos y nuestras posibilidades de educación formal. Visita **www.e625.com/Eventos** para enterarte de nuestros seminarios y convocatorias e ingresa a **www.institutoE625.com** para conocer los cursos online que ofrece el Instituto E 6.25

¿QUIERES ACTUALIZACIÓN CONTINUA?

Regístrate ya mismo a los updates de **e625.com** según sea tu arena de trabajo: Niños- Preadolescentes- Adolescentes- Jóvenes.

¡APRENDAMOS JUNTOS!

e625.com /e625COM

Revista Líder 6.25

Chat en tiempo real

Suscripción de **materiales premium** para iglesias

Tienda con envíos internacionales

Eventos de **actualización** ministerial

Seminarios para iglesias locales

INSTITUTO e625
Educación online
www.institutoe625.com

Libros Online

e625
te ayuda todo el año

www.e625.com te ofrece **recursos gratis**